Comptabilité de gestion

Exercices et études de cas

COLLECTION
EXERCICES ET CAS
dirigée par Yves Simon
Professeur à l'Université Paris - Dauphine

Comptabilité de gestion

Exercices et études de cas

Henri Bouquin
Stéphanie Thiéry-Dubuisson

ECONOMICA
49, rue Héricart 75015 Paris

Ce recueil de cas développe les concepts et outils présentés dans le manuel *Comptabilité de gestion*, de **Henri Bouquin**, 5e édition, 2008.

Table des matières

Avant-propos

Mesurer pour manager

La comptabilité de gestion mesure les consommations de ressources dans une organisation. Pour qu'elle aide à cerner leur pertinence, il faut identifier les productions obtenues en contrepartie, souvent tenter de les mesurer. Mais on ne peut pas tout quantifier et, certes, tout ne relève pas de l'économique… ni des systèmes d'information comptables. Quelles ressources, quelles contreparties la comptabilité de gestion doit-elle observer et quantifier ?

La réponse a longtemps été simple, en apparence du moins : on mesure des coûts pour les rapprocher des ventes et connaître les marges ainsi obtenues. Puis sont venues d'autres préoccupations : on vend une offre de produits et de services, combien coûtent donc les attributs, plus ou moins tangibles, du produit ? Combien coûte la garantie d'un délai, la disponibilité d'un matériel, une politique de qualité ? Toute décision comporte un coût. La *modélisation* des flux qui précède la mesure doit ainsi respecter deux exigences : elle est un décalque des phénomènes physiques, de l'organisation du travail ; elle doit être utile aux managers. Ce sont eux qui posent les questions, pas les comptables, qui construisent le système qui fournira des réponses.

D'autre part, on sait (et maintenant plus que jamais) que le manque de liquidités (de *cash* !) tue plus vite que le manque de marge. Le besoin en fonds de roulement non perçu est un cholestérol redoutable. Ce n'est donc pas seulement le flux de consommations et les marges qu'il faut modéliser, mais les besoins d'investissement en capital circulant – parent pauvre des systèmes comptables de gestion.

Si la technicité est une exigence pour tout contrôleur de gestion ou comptable en charge de la construction du système d'information comptable de gestion, on voit bien que la maîtrise des logiques managériales est un préalable aussi fondamental. Ce sont les deux compétences que ce livre veut aider à acquérir.

Le plan suivi est celui de l'ouvrage qui nous a servi de point d'appui : H. Bouquin, *Comptabilité de gestion*, Economica, 5e éd. 2008 – mais celui-ci peut être utilisé indépendamment. L'ouvrage de référence contient des questionnaires à choix multiples à la fin de chaque chapitre ; on s'en tient donc ici à des exercices et des cas d'application.

Après un chapitre introductif, la première partie explique les enjeux fondamentaux, donc les questions de la construction de la comptabilité de gestion, et les deux suivantes abordent les problématiques de la comptabilité de gestion selon les enjeux de la décision qu'elle doit éclairer, donc les questions de la pertinence de ses productions.

Dans la première partie, le chapitre 1 fait le tour des enjeux techniques : quels sont les coûts pertinents qu'il faut intégrer dans le modèle, quels coûts d'opportunité une décision entraîne-t-elle, quel est le comportement des coûts (variabilité) et comment agir sur eux. Le chapitre 2 porte sur la modélisation des flux (point central de la solidité des informations produites) et donc sur la question clé de leur homogénéité. Le chapitre 3, qui sera illustré plus loin (au chapitre 7) dans cet ouvrage, invite à réfléchir sur l'architecture du système comptable. Il sera illustré en chapitre 7 car les applications demandent une certaine connaissance technique non encore acquise à ce stade.

La deuxième partie traite en chapitre 4 les enjeux stratégiques des productions de la comptabilité de gestion (coût complet, modélisation du besoin en fonds de roulement et des indicateurs de rentabilité) et en chapitre 5 la vaste question du pilotage du couple coût-valeur, qui met en scène toutes les qualifications du management.

La troisième partie porte sur l'articulation du court et du long terme – direct costing et imputation rationnelle – (chapitre 6), puis sur l'aide au pilotage du court terme par les coûts préétablis (chapitre 7), pour terminer avec le calcul du résultat et les choix comptables qu'il conduit à faire (chapitre 8).

Cet ouvrage s'adresse à la fois aux étudiants en comptabilité qui devront dialoguer avec les managers, et à tous les autres étudiants en gestion qui seront les utilisateurs critiques et souvent les prescripteurs de ces systèmes.

Les outils de gestion, comme celui qu'est la comptabilité de gestion, ne sont pas neutres et il faut réfléchir aux enjeux qu'ils portent, donc au management qu'ils servent ou même qu'ils structurent. À ce titre, cet ouvrage est aussi un outil pour les cadres d'entreprise.

Introduction

Une comptabilité pour les managers

Société Manga

Thème : choix optimal, incitation, prix de cession interne

Manga, un constructeur de photocopieurs, propose à ses acheteurs de choisir entre les formules suivantes pour assurer la maintenance sur site, prévue tous les deux mois et dans les deux heures en cas de panne :

solution a - un tarif fixe de 3 centimes par photocopie, indépendant du volume,

solution b - un forfait de 100 € par mois jusqu'à 5 000 photocopies par mois, puis une facturation de 5 centimes par exemplaire supplémentaire au-delà,

solution c - un forfait illimité de 170 € par mois.

Question 1. Quel est le choix optimal pour un utilisateur qui prévoit en moyenne 6 000 exemplaires par mois ?

Une société achète ce matériel pour ses propres besoins de reprographie et compte instaurer une facturation interne qui ferait supporter le coût de l'utilisation de la photocopieuse aux services utilisateurs qui y accéderaient en libre-service. Elle prévoit 10 000 exemplaires par mois et choisit le contrat a ci-dessus. Aucun des cinq services utilisateurs ne devrait consommer plus de 2 000 exemplaires par mois. La société estime, dans ces conditions d'utilisation, que le montant de l'amortissement du matériel serait de 300 € par mois, soit 3 cts par photocopie (il s'ajoute au coût du contrat b). On négligera le coût du papier.

Dans un premier temps, la société a pensé répercuter le coût sur l'utilisateur en divisant chaque trimestre le coût du matériel (amortissement de 900 € et coût de fonctionnement) par le nombre de photocopies tirées et en facturant ce tarif unitaire à chaque utilisateur au prorata de sa consommation.

Question 2. Quel défaut ce système présente-t-il ?

Supposons que les utilisateurs internes puissent obtenir la même prestation à l'extérieur pour un tarif de 15 cts l'exemplaire.

Question 3. Quel prix de cession interne par exemplaire proposez-vous pour que la direction générale puisse être informée, grâce au jeu des facturations internes, des économies que l'achat d'un photocopieur a permis de faire ?

Corrigé

Question 1

Les calculs montrent que l'optimum change à trois seuils (si on se limite à 10 000 exemplaires) :

– la solution A l'emporte jusque 3 333 unités par mois,
– la solution B devient l'optimum entre 3 333 et 6 000 unités,
– la solution A redevient la meilleure au-delà.

Quantité	0	500	1 000	1 500	2 000	2 500	3 000	3 500	4 000	4 500	5 000
Solution A	0	15	30	45	60	75	90	105	120	135	150
Solution B	100	100	100	100	100	100	100	100	100	100	100
Solution C	350	350	350	350	350	350	350	350	350	350	350

Quantité	5 500	6 000	6 500	7 000	7 500	8 000	8 500	9 000	9 500	10 000
Solution A	165	180	195	210	225	240	255	270	285	300
Solution B	140	180	220	260	300	340	380	420	460	500
Solution C	350	350	350	350	350	350	350	350	350	350

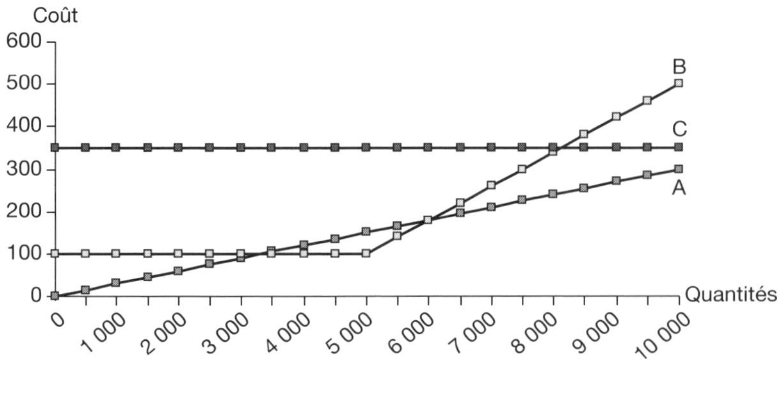

Question 2

La facturation du coût complet donne un **tarif instable** car le prix payé pour une copie dépend de l'utilisation effective par les autres services du matériel en question. D'autre part ce prix ne crée aucune incitation économiquement justifiable.

Question 3

On peut défendre un prix à un prix calculé sur la base de l'amortissement sur 10 000 unités par mois, soit 0,03 €, auquel s'ajoute la maintenance (0,03 €), soit au total 6 centimes par exemplaire. Mais ce prix ne mettrait pas en évidence l'économie réalisée. Il se limiterait à un transfert de coût sur l'utilisateur. Un prix au coût d'opportunité de 15 cts, en revanche, qui est le montant de la dépense évitée par l'achat, fait apparaître l'économie par rapport au recours à l'extérieur.

Quantité	0	500	1 000	1 500	2 000	2 500	3 000	3 500	4 000	4 500	5 000
Coût total unitaire	0	30	60	90	120	150	180	210	240	270	300
Facturation	0	75	150	225	300	375	450	525	600	675	750
Économie	0	45	90	135	180	225	270	315	360	405	450

Quantité	5 500	6 000	6 500	7 000	7 500	8 000	8 500	9 000	9 500	10 000
Coût total unitaire	330	360	390	420	450	480	510	540	570	600
Facturation	825	900	975	1 050	1 125	1 200	1 275	1 350	1 425	1 500
Économie	495	540	585	630	675	720	765	810	855	900

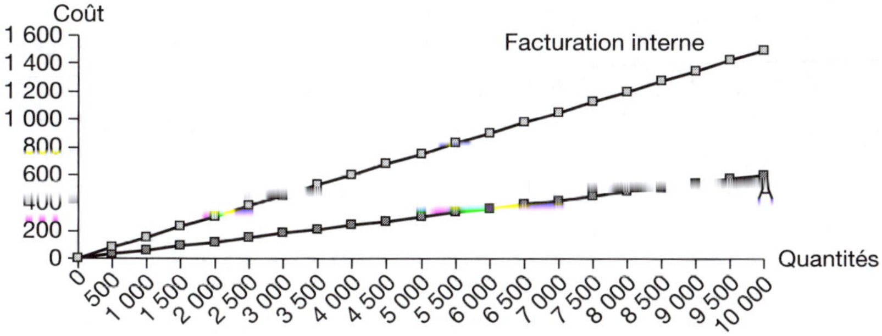

Compagnie du Sud Téléphone

Thème : incitation, facturation interne.

La **Compagnie du Sud Téléphone** (CST) dispose d'un centre de recherche (CR) important. Il emploie 2 000 chercheurs et administratifs titulaires de leur poste et il reçoit chaque année de la direction générale des moyens budgétaires en progression parce que la politique de la direction générale est de consacrer 5 % de son chiffre d'affaires à la recherche. Elle fait toute confiance au CR sur l'emploi des moyens, le centre réunissant des experts de notoriété internationale. Lorsque les divisions de la CST le demandent, le CR travaille sur des projets qui les intéressent. Si les demandes des divisions ne suffisent pas à occuper les chercheurs, le CR développe ses propres projets de recherche fondamentale. Les divisions sont des centres de profit jugés notamment sur leur marge ; le CR est jugé sur le respect de son budget de moyens et sur la qualité des publications de ses chercheurs. Les travaux du CR pour les divisions ne donnent lieu à aucune facturation interne. On estime que le CR consacre 20 % de son activité à la recherche commandée par les divisions.

Question 1. Quels sont les avantages et les inconvénients de cette situation ?

Dans la perspective de sa privatisation, la CST décide de modifier les règles appliquées au CR. L'objectif est de relier la recherche beaucoup plus fortement à une rentabilité rapide, en incitant les chercheurs à travailler pour au moins 80 % de leur temps à des études de nouveaux produits ou à la mise au point de nouveaux processus techniques permettant des gains de productivité en supprimant des emplois non qualifiés. La direction de CST hésite entre deux solutions.

Solution 1 : transformer le CR en centre de profit, vendant sa recherche aux divisions, lesquelles se verraient d'autorité attribuer un budget de recherche afin de « payer » le CR. Les divisions auraient l'obligation de présenter des plans d'action comportant des projets de nouveaux produits ou de gains de productivité.

Solution 2 : laisser les divisions libres de leurs choix, à elles de s'entendre avec le CR, ne les juger que sur leur marge.

Question 2. Quelle solution permettra à la CST d'affronter la concurrence et de garder sa place sur le marché dans les meilleures conditions ?

Question 3. Le CR pense facturer aux divisions un coût de recherche par « chercheur-an ». Le taux du chercheur-an serait calculé en divisant le coût total prévisionnel du CR (personnel, amortissements, frais divers) par le nombre de

chercheurs inscrits aux effectifs. S'agit-il d'un bon principe de tarification, et à quelles conditions ?

Corrigé

Question 1

Avantage	Inconvénient
Favorise la recherche fondamentale, attire les meilleurs chercheurs sans doute.	N'incite pas à une coordination avec les divisions, d'où le risque de voir la recherche se replier sur elle-même. Risque de gaspillage des budgets automatiques. La recherche est gratuite pour les divisions, cela peut les inciter à faire travailler sur des projets mal définis.

Question 2

La solution 2 risque d'inciter les divisions disposant de « vaches à lait » à ne plus faire de recherche alors même que le CR est poussé à travailler en interne. Quel équilibre en résultera-t-il ?

La solution 1 est volontariste, plus cohérente avec la stratégie ; elle fixe l'effort annuel de recherche mais laisse les acteurs sélectionner les projets. Toute la question est dans la manière de distribuer le budget entre les divisions.

Question 3

Le coût du chercheur-an est une moyenne qui cache sans doute des disparités. Le risque est donc de sous-estimer le coût des recherches lourdes en moyens techniques mais pas en personnel, l'inverse se produisant pour les recherches fortement consommatrices en temps de chercheur mais pas en moyens techniques. On verra plus loin que c'est là le problème de l'homogénéité des coûts.

Société BK

Thème : ROI, levier.

La société **BK** fabrique des stylos à bille. Elle s'est traditionnellement spécialisée dans une gamme simple à deux couleurs (bleu et noir) qui lui permettait de fabriquer de très gros volumes. Elle obtenait ainsi sur chacun de ses deux modèles un résultat sur coût complet (hors frais financiers) d'environ 21 % du chiffre d'affaires, pour un investissement moyen en actifs qui représentait en permanence 3 fois les ventes.

Question 1. Quel était donc le ROI de BK ?

Question 2. BK étant financé aux 2/3 par des dettes qui lui coûtent 5 %, montrez, en utilisant la formule de l'effet de levier, quelle était la rentabilité de ses fonds propres.

Question 3. Avec un tel ROI et un taux d'intérêt de 5 %, l'effet de levier est-il intéressant pour améliorer la rentabilité des capitaux propres de BK ?

Corrigé

Question 1

En appelant :
- B le résultat avant charges financières,
- Ffi les charges financières,
- À l'actif,
- CA le chiffre d'affaires,

on a :

ROI = B + Ffi/A
B + Ffi/CA × CA/A
0,21 × 1/3
7 %

Question 2

En appelant
- CP les capitaux propres,
- i le taux d'intérêt moyen des dettes,

on a :

B/CP = ROI + (ROI – i) D/CP
0,07 + (0,07 – 0,05) × 2
11 %

Question 3

L'effet de levier accroît la rentabilité des fonds propres, puisque ROI – i = 2 %.

Chapitre 1

Concepts de coûts pour la décision

GROUPE BRODA DIVISION COUPE

Thème : coût d'opportunité, prix de cession interne, choix du fournisseur.

La division ***Coupe*** du groupe **Broda** produit des lames en acier au carbone. Elle fonctionne à plein. Un tiers de sa production est vendu à la division *Jardin* du même groupe, qui monte les lames sur les tondeuses à gazon qu'elle vend. Le reste est vendu à l'extérieur. Les chiffres prévisionnels sont les suivants en euros :

Ventes division Coupe	Division Jardin	Extérieur
Ventes (€)	375 000	1 000 000
Coûts variables (€)	250 000	500 000
Coûts de capacité (€)	75 000	150 000
Marge (€)	50 000	350 000
Unités vendues	50 000	100 000

Énergie

La division Jardin a l'occasion d'acheter à un fournisseur extérieur 50 000 pièces au prix de 7 € par pièce.

Question 1. Quel est le coût d'opportunité pour Broda de vendre en interne
(a) si le marché externe est saturé,
(b) si les ventes à l'extérieur peuvent s'accroître de 50 % et absorber donc la totalité des volumes produits pour la division *Jardins* ?

Question 2. À partir de ce dernier coût d'opportunité, expliquez quelle est la bonne décision : continuer comme avant ou accepter l'offre du fournisseur extérieur.

Question 3. Quel prix de cession interne faudrait-il pratiquer pour que, si la division *Jardin* prend seule la décision de choix de son fournisseur, elle prenne la décision qui est la meilleure pour le groupe ?

Question 4. Que faudrait-il faire si le marché externe ne pouvait absorber que 120 000 unités vendues par la division *Coupe* ?

Question 5. La situation actuelle que représente le tableau ci-dessus permet-elle de mesurer correctement la contribution de chaque division au résultat du groupe, et pourquoi ?

Question 6. Supposez que le recours au fournisseur extérieur pour un volume de 35 000 pièces permette à la division Coupe soit de désinvestir et de réduire ses coûts de capacité de 55 000 €, soit de vendre 35 000 unités supplémentaires à l'extérieur. Que faut-il préconiser ?

Corrigé

Question 1

Le coût d'opportunité est l'avantage que procure la meilleure des solutions alternatives à celle que l'on a choisie, avantage auquel on renonce de ce fait.

Si le marché extérieur est saturé, la vente interne ne fait perdre aucune recette à Broda. La meilleure des alternatives refusées n'est donc pas la vente externe. Le coût d'opportunité n'est pas là. Le sacrifice qu'implique la production pour l'interne ne comporte que la consommation des coûts variables nécessaires à la production (5 € par unité, supérieurs au prix du sous-traitant), et le maintien de frais de capacité qui pourraient peut-être se voir supprimer si on recourrait à l'extérieur définitivement. On ne dispose pas ici des éléments nécessaires au chiffrage d'un tel scénario. On voit cependant que le coût de 7 € n'est avantageux que si les coûts qui seraient supprimés sont au moins de 2 € en moyenne par unité, soit au total 100 000 € si toute la vente interne est sous-traitée. Or les coûts de capacité imputés par la comptabilité à cette activité ne sont que de 75 000 €. On remarque d'ailleurs que le coût complet n'est que de 6,50 €, donc inférieur à l'offre du sous-traitant. L'existence d'une solution d'arrêt n'est donc pas nette. Faute de mieux, dans un tel cas, on considère que le coût d'opportunité n'est autre que le coût comptable. Il n'autorise pas à envisager la sous-traitance.

En revanche, si le marché extérieur est ouvert, la vente interne fait perdre une recette de 10 € par unité à coûts internes identiques. Le coût d'opportunité est donc de 10 € et la sous-traitance devient viable.

Question 2

On aurait intérêt à payer 7 € à l'extérieur pour obtenir la recette de 10 € en maintenant les ventes internes par ailleurs.

Question 3

On voit que la division Jardin, qui paie 7,50 €, va être tentée par l'offre du fournisseur extérieur, indépendamment du contexte, donc même si le marché externe est déprimé. Cela constitue un risque pour Broda. Une cession au coût de revient de 6,50 € traite la question, mais subventionne la division Jardin. On ne peut y recourir que momentanément, si le marché est déprimé et que Broda souhaite maintenir son activité. Sinon, le prix de cession doit être le prix de vente de 10 €, les coûts pour les ventes internes et externes étant ici identiques. Cela amènera à cesser la production interne, mais la décision est peut-être justifiable du point de vue stratégique : le produit vendu à 10 € et celui vendu à 7 € sont-ils identiques ?

Question 4

Il faut vendre 20 000 unités en les prélevant sur les ventes internes, voir discussion de la question 1.

Question 5

Non, puisqu'une subvention interne résulte du prix de cession. Il faudrait un prix de cession de 10 € pour identifier la performance effective de la Coupe.

Question 6

Vendre 35 000 unités au prix de 10 € apporte 350 000 €. Si on affecte cette sous-traitance au désinvestissement on économise les coûts variables de 35 000 unités, soit 175 000 € et les coûts de capacité pour 55 000 €, soit au total 230 000 €. À l'unité, ce montant représente 6,57 €, donc moins que les 7 € payés au sous-traitant. Il est meilleur d'affecter cette capacité de production à la vente externe.

Société LAB

Thème : coûts joints.

La société **LAB** fabrique trois produits : Altox, Lorex et Hycol. Ils sont issus d'un processus commun (une réaction chimique) qui débouche sur trois produits joints, c'est-à-dire obtenus simultanément (Schéma 1).

Schéma 1

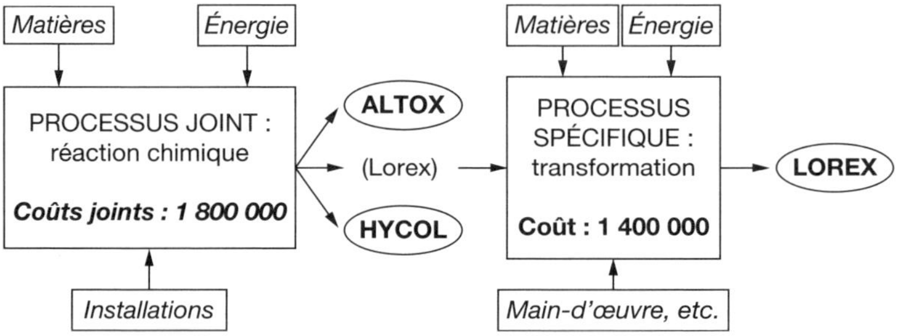

Les données numériques sont les suivantes (tableau 1) pour l'année N :

Tableau 1

	Altox	Lorex	Hycol	Total
Unités produites par le processus joint	170 000	500 000	330 000	
Valeur de marché unitaire à ce stade (€)	3,50		2,00	
Coûts joints imputés (€)	454 777	840 764	504 459	1 800 000
Coûts spécifiques à Lorex (€)		1 400 000		1 400 000
Valeur de marché unitaire à ce stade (€)		5,00		

Pour l'allocation des coûts joints, par définition impossibles à individualiser par produit, les comptables de la société LAB utilisent, faute de mieux, la valeur de marché comme clé de répartition. Comme celle de LOREX à la sortie du processus joint est inconnue jusqu'ici, ils considèrent que LOREX apporte une valeur de 2 500 000 – 1 400 000 = 1 100 000 € (tableau 2).

Tableau 2

	Altox	Lorex	Hycol	Total
Valeur de marché créée	595 000	1 100 000	660 000	2 355 000
Pourcentages	25,27 %	46,71 %	28,03 %	100 %
Coûts joints imputés	454 777	840 764	504 459	1 800 000

Le président de LAB est confronté à la possibilité de modifier la manière dont ces trois produits sont fabriqués et vendus.

• Altox est vendu actuellement sans transformation ultérieure à un fabricant de produits vitaminés. Mais on pourrait aussi le transformer pour en faire un produit utilisable dans le traitement de l'hypertension. On perdrait ainsi 20 000 unités d'Altox par rapport à la quantité actuelle et cette transformation coûterait 250 000 € par an. Le produit final se vendrait 5,50 € l'unité.

• Lorex est déjà transformé au-delà du processus commun aux trois produits joints et est vendu comme remède contre le rhume. La société LAB a reçu une proposition d'une autre société pharmaceutique qui achèterait Lorex dès sa sortie du processus joint au prix de 2,25 € l'unité.

• Hycol est une huile vendue actuellement à sa sortie du processus joint à un industriel des cosmétiques. Le département de recherche de LAB a suggéré que la société traite ce produit pour le vendre comme onguent pour les traitements musculaires. Cette transformation supplémentaire coûterait 75 000 € par an et augmenterait de 25 % le nombre d'unités de Hycol. Le produit final serait vendu 1,80 € l'unité.

• Le processus joint actuel fabrique aussi 50 000 unités de Dorzine, un produit chimique totalement inutilisable. La société doit payer 0,35 € par unité pour se débarrasser de ce produit polluant. Mais elle vient de recevoir une proposition de la compagnie Dubreuil qui pense que Dorzine serait utilisable comme solvant si LAB acceptait de le transformer selon un processus qui coûterait annuellement 43 000 € à LAB. Dubreuil achèterait alors toute la production de Dorzine au prix unitaire de 0,75 €.

Question 1. Que devrait faire LAB dans chacun de ces quatre cas : ne rien changer ou adopter la nouvelle solution ?

Question 2. Que pensez-vous de la manière dont LAB impute les coûts du processus joint ?

Corrigé

Question 1

Transformation d'Altox pour 250 000 €	**Avant**	**Après**	**Gain**
Quantité	170 000	150 000	
Valeur de marché	3,50	5,5	
CA	595 000	825 000	**230 000**
Il faut évidemment rejeter toute imputation arbitraire des coûts joints			

Vente de Lorex à 2,25 € en sortie de processus	**Avant**	**Après**	**Écart**
Prix	5,00	2,25	
Quantité	500 000	500 000	
CA	2 500 000	1 125 000	– 1 375 000
Coûts spécifiques	1 400 000	0	– 1 400 000
Marge	1 100 000	1 125 000	**25 000**

Traitement de Hycol	**Avant**	**Après**	**Écart**
Prix	2,00	1,80	– 0,20
Quantité	330 000	412 500	82 500
CA	660 000	742 500	82 500
Coûts spécifiques	0	75 000	75 000
Marge	660 000	667 500	**7 500**

Transformation de Dorzine	**Avant**	**Après**	**Écart**
Prix	0	0,75	0,75
Quantité	50 000	50 000	0
CA	0	37 500	37 500
Coûts spécifiques	17 500	43 000	25 500
Marge	– 17 500	– 5 500	**12 000**

Question 2

Il n'est pas possible d'imputer des coûts joints de manière indiscutable car les coûts sont joints, eux aussi, comme les produits. Ici, le traitement des coûts joints est évidemment fantaisiste, d'autant qu'il repose sur un critère sans lien avec le coût ni avec un des produits. Les coûts joints ne peuvent se séparer. Une clé de répartition ne se défend que si elle exprime une réalité économique des coûts.

Société LQNH

Thème : coûts pertinents.

LQNH est un cabinet d'audit, filiale de LQNH England. Son problème actuel est de choisir et d'optimiser la structure des missions qu'il propose au client. Il vous engage donc en tant que contrôleur de gestion pour l'y aider.

La structure française de LQNH est composée de 10 associés et directeurs (AD), de 30 responsables de mission (RM) et de 40 juniors (JR). LQNH fournit deux grands types de missions pour ses clients : des missions d'audit (missions légales de commissariat aux comptes) et des missions ponctuelles (principalement liées à l'évaluation des sociétés). Chaque employé de LQNH France peut travailler indifféremment, selon les exigences, sur des missions d'audit ou d'évaluation.

Les deux types de dossiers ou de missions diffèrent en revanche en termes de composition des équipes de travail :

– chaque mission d'audit légal nécessite un AD, deux RM et quatre JR ;

– chaque mission ponctuelle d'évaluation exige, en raison de la plus grande valeur ajoutée de ces missions, deux AD, deux RM et trois JR.

Les AD gagnent, en moyenne, 140 000 € par an et facturent 1 800 heures. Les RM, de l'ordre de 50 000 € par an et de 2 000 heures. Enfin, les JR gagnent environ une moyenne de 20 000 € par an et facturent environ 1 900 heures.

En plus de ces coûts salariaux, LQNH supporte d'autres coûts de capacité d'un total de 1 000 000 € par an.

LQNH supporte d'autres coûts, variables, qui sont estimés à 3 € par heure d'AD facturable, 12 € par heure de RM facturable et 7 € par heure de JR facturable.

En moyenne, le client paie 250 € par heure facturée pour une mission légale et 325 € pour une mission ponctuelle d'évaluation.

Le système actuel de coût de LQNH consiste à utiliser un coût horaire moyen pour valoriser les temps passés par chaque équipe sur chaque mission, tous niveaux confondus.

Question 1. En définissant les coûts pertinents à votre analyse, quel est le coût horaire moyen d'une mission effectuée par LQNH (tous niveaux confondus) ?

Question 2. En utilisant ce coût horaire moyen, calculez les marges horaires dégagées lors d'une mission légale et d'une mission ponctuelle.

Question 3. Sur ces bases, quel type de mission faut-il privilégier ? Pourquoi ?

Comme vos premières conclusions ne vous apparaissent pas satisfaisantes, vous cherchez à mettre en place un autre système de calcul de coûts. Différents entretiens réalisés avec les membres des équipes de LQNH vous apprennent que le travail diffère grandement selon le niveau hiérarchique mobilisé. Ainsi, les AD s'occupent de chercher les clients et de déterminer les orientations de la mission (type de méthodologie utilisée, type d'évaluation, analyse des risques...). Les RM font l'interface et sont la « cheville ouvrière » des missions tandis que les JR exécutent les orientations données par les RM et les AD.

Question 4. Calculez alors les marges horaires dégagées lors d'une mission d'audit et d'une mission ponctuelle.

Question 5. Quel type de mission le cabinet LQNH devrait-il privilégier au vu de vos précédents résultats ?

Question 6. Cette recommandation vous paraît-elle compatible avec la structure actuelle du cabinet LQNH ? Pourquoi ? Vous justifiez votre réponse par le calcul.

Corrigé

Question 1

Coût par grade	AD	RM	JR	Total
Effectif	10	30	40	
Salaires	1 400 000	1 500 000	800 000	3 700 000
Heures facturables	18 000	60 000	76 000	154 000
Coûts variables	54 000	720 000	532 000	1 306 000
Total des coûts	1 454 000	2 220 000	1 332 000	5 006 000
Coût horaire moyen				32,51
Coût horaire audit	32,51	65,01	130,03	227,55
Coût horaire évaluation	65,01	65,01	97,52	227,55

Question 2

		Total
Chiffre affaires audit/heure		250
Chiffre affaires évaluation/heure		325
Marge		
Marge horaire audit	22,45	
Marge horaire évaluation	97,45	

Question 3

Avec une clé de répartition moyenne, l'audit ne dégage quasiment aucune marge, donc les missions seraient plutôt à réaliser en ponctuel (évaluation). Le risque est dans ce cas l'absence de récurrence de ce type de clientèle (car ces missions ne sont pas aussi réglementées que le commissariat aux comptes).

Question 4

	AD	RM	JR	Total
Salaires	1 400 000	1 500 000	800 000	3 700 000
Heures facturables	18 000	60 000	76 000	154 000
Coûts variables	54 000	720 000	532 000	1 306 000
Total des coûts	1 454 000	2 220 000	1 332 000	5 006 000
Coût réel horaire	80,78	37,00	17,53	
Coût horaire audit	80,78	74,00	70,11	224,88
Coût horaire évaluation	161,56	74,00	52,58	288,13

Chiffre affaires audit/heure	250
Chiffre affaires évaluation/heure	325
Marge audit	25,12
Marge évaluation	36,87

Question 5

Bien que le système apparaisse plus équilibré, c'est encore l'évaluation qui dégage le plus de marge.

Question 6

	AD	RM	JR
Heures facturables	18 000	60 000	76 000
Heures/individu évaluation	9 000	9 000	9 000
Affectation évaluation contrainte	18 000	18 000	27 000
Reste disponible	0	42 000	49 000
En audit	18 000	36 000	72 000
Reste disponible	0	24 000	4 000

La structure du cabinet n'est donc pas optimale. Elle ne permet pas d'employer tout l'effectif à bon escient (trop de RM et JR non utilisés). Il existe un lourd déficit en RM, et la structure du cabinet ne se prête pas à deux types de missions. Il vaudrait mieux faire de l'audit (mission légale) pour employer les effectifs existants.

Société Lout

Thème : coûts d'opportunité.

Quels sont les coûts d'opportunité associés aux décisions suivantes qui se présentent à la société Lout ?

Cas 1. Accepter une commande pour laquelle on consommera une matière disponible en stock, qui a été payée 25 500 €, qui pourrait être revendue 12 000 € moyennant le versement d'une taxe pour pollution de 15 000 € (faute de la revendre dans ces conditions, son stockage coûterait 32 000 € par an)

a) si on suppose qu'aucune autre commande permettant de faire usage de cette matière n'est en vue,

b) si on suppose qu'une autre commande qui utiliserait les mêmes matières et autres moyens est possible et qu'elle rapporterait un bénéfice de 46 000 €.

Cas 2. Acheter une matière première que l'entreprise n'a pas en stock. Le prix d'achat est de 100 € et elle sera utilisée pour une production qui dégagera une marge sur coût de la matière de 845 €.

Cas 3. Accroître le niveau de production de 5 000 unités. Les capacités sont actuellement utilisées à 80 % (80 000 pièces produites) et induisent des coûts de capacité de 1 000 000 € par mois. À ce rythme, le coût variable de la pièce fabriquée est de 8 € (et son coût complet de 20,50 €). On envisage de pousser la production à 85 000 unités, ce qui fera passer le coût variable moyen par pièce (calculé sur la production de 85 000) à 9 € (et le coût complet à 20,76 €).

a) Quel est le coût d'opportunité associé à la fabrication de ces 5 000 unités supplémentaires ?

b) Si ces unités sont vendues 28 € pièce, faut-il accroître la production (les autres unités habituellement fabriquées sont écoulées auprès d'autres clients à 26 € et restent à ce prix) ?

Corrigé

Cas 1

a) Les 25 500 € sont des *sunk costs*, des coûts déjà dépensés. On sacrifie 12 000 € – 15 000 € = –3 000 €, deuxième meilleure solution (stocker est ici sans espoir).

b) Ici on perd 46 000 € à comparer au bénéfice fait.

Cas 2

Le coût d'opportunité est de 100 €. En effet la somme n'est pas encore dépensée et l'on ne sait rien de son usage alternatif éventuel. On pourrait accepter de considérer celui-ci comme coût d'opportunité.

Cas 3

a) On sacrifie les coûts variables supplémentaires ou ce qui aurait pu être fait avec la somme en cause, soit :

$(9 \times 5\,000) - (8 \times 80\,000) = 125\,000$ ou le meilleur usage fait de la somme.

b) L'accroissement du chiffre d'affaires est de $28 \times 5\,000 = 140\,000$. La situation est donc favorable.

Cabinet TGV

Thème : coûts pertinents, coût d'opportunité.

Vous venez d'être retenu pour un stage par le cabinet d'audit TGV. L'associé qui vous a reçu le jour de votre arrivée vous a expliqué les principes de fonctionnement de ce cabinet, un des grands du secteur et des plus rentables, qui emploie plusieurs dizaines de milliers de collaborateurs dans le monde. Il comprend des fonctions support (secrétariat, documentation, etc.) et des auditeurs. Parmi ces derniers, les niveaux hiérarchiques principaux sont les suivants :

– associé,
– responsable de missions,

– auditeur senior,
– auditeur junior.

L'heure d'intervention est facturée au client 250 € pour un associé, 200 € pour un responsable de mission, 150 € pour un senior et 100 € pour un junior. Le *business model* établi par le siège américain du cabinet prévoit que les responsables de centres de profit doivent atteindre les objectifs de marge définis chaque année. Selon les critères retenus pour le budget de l'année, tout auditeur appartenant aux catégories ci-dessus doit être en situation de facturer 80 % de son temps de rémunération annuel. Sur la base de 35 heures par semaine et d'une activité d'environ 46 à 47 semaines, on doit facturer ainsi 1 300 heures par personne et par an. Dans ces hypothèses les salaires totaux, c'est-à-dire ceux des auditeurs et ceux des fonctions support du cabinet (budgétés à 4 millions d'euros), représentent 40 % du chiffre d'affaires du cabinet. Le siège français, centre de profit, comprend 20 associés, 40 responsables de missions, 80 auditeurs seniors et 150 auditeurs juniors. La rémunération salariale de chacun est proportionnelle au taux horaire auquel il est facturé.

Question 1. Quel est le chiffre d'affaires budgété ?

Question 2. Quels sont les salaires d'un associé, d'un responsable de mission, d'un senior et d'un junior ?

Un des responsables de missions assure un cours de 25 heures dans une université. Il estime devoir consacrer 8 heures de préparation à chaque heure de cours effectif.

Question 3. Supposons que le cabinet accepte de laisser ce responsable de missions préparer son cours pendant ses heures de travail. Il se propose de facturer à l'université le coût d'opportunité de la mise à disposition de ce responsable de missions. Combien le cabinet devrait-il facturer ?

Question 4. Supposons que le responsable de missions prépare son cours le week-end pendant ses heures de loisir. Quel est le coût d'opportunité pour le cabinet si l'on suppose que l'université verse au cabinet 30 € de l'heure ?

Le cabinet avait reçu auparavant une proposition d'intervention pour un cours de 25 heures dans une école qui acceptait un tarif de 100 € par heure de cours. Le cabinet avait décidé de ne pas donner suite à cette demande, car il n'envisage pas de recruter dans cette école, ses élèves étant réputés pour leur absentéisme.

Question 5. Quel est le coût d'opportunité supporté par le cabinet en choisissant d'intervenir à l'université plutôt qu'à l'école ? On supposera que dans les deux cas le responsable de missions prépare son cours pendant ses heures de loisir.

Corrigé

Question 1

	Associés	Managers	Seniors	Juniors	Total
Heures facturées	1 300	1 300	1 300	1 300	
Taux horaire	250	200	150	100	
CA par personne (k€)	325	260	190	130	
Nombre de personnes	20	40	80	150	
CA total (en k€)	6 500	10 400	15 600	19 500	**52 000**

Question 2

CA total (k€)	52 000
Salaires totaux (k€)	20 800
Moins : fonctions support (k€)	4 000
Part des salaires auditeurs (k€)	16 800

	Associés	Managers	Seniors	Juniors	Total
Conversions en équivalents. Juniors	2,5	2	1,5	1	
Totaux	50	80	120	150	400
Salaire de base (junior) k€					42
Salaires unitaires (k€)	105	84	63	42	
Salaires totaux (k€)	2 100	3 360	5 040	6 300	16 800

Question 3

Heures de cours	25
Heures de préparation	200
Total	225
Heures facturables (80 %)	180
Montant (à 200 €)	36 000

On peut aussi dire que le coût d'opportunité net sera la différence entre ce montant et ce que versera l'université.

Question 4

Heures de cours	25
Heures de préparation	0
Total	25
Heures facturables (80 %)	20
Montant (à 200 €)	4 000
Recette	750
Perte de recette	3 250

Question 5

	École	**Université**
Recette enseignement	2 500	750
Perte de recette audit	4 000	4 000
Perte de recette si enseignement	1 500	3 250
Différence		1 750

Le coût d'opportunité de choisir l'université plutôt que l'école est de 1 750 €.

SOCIÉTÉ BALDWIN

Thème : décision, coûts pertinents, facturation interne.

La société Baldwin, qui recherche tous les moyens d'abaisser ses coûts, est entrée en relation avec la société Lux afin de lui sous-traiter la production des dynamos nécessaires aux bicyclettes qu'elle vend. Elle envisage de passer une commande de 100 000 dynamos par an, au prix de 14,80 € chacune. La société Lux est organisée en divisions, et la production de dynamos est une des activités de la division Lumière. Celle-ci vend ce modèle au prix de 17,40 € à ses clients habituels. Elle fonctionne à pleine capacité et ses coûts, pour cette dynamo, présentent la structure suivante (€ par unité) :

Matières premières	5,45
Main-d'œuvre directe	4,95
Frais variables	1,00
Frais de capacité	1,10
Total	12,50

Dans le coût d'une bicyclette produite par Baldwin, le montant représenté par le sous-ensemble « fonction éclairage » est le suivant (€ par bicyclette) :

Dynamo	14,80
Phare	3,70
Feu arrière	1,30
Attaches	0,85
Fils et fournitures	0,15
Frais fixes	1,00
Total	21,80

Tous les directeurs de division de Lux sont jugés sur la progression de leur résultat comptable annuel. En moyenne, la société Lux fonctionne à 75 % des capacités installées.

Question 1. Le directeur de la division Lumière a-t-il intérêt à accepter l'offre de Baldwin ? Quel est son coût d'opportunité ?

Baldwin songe à présent à externaliser la totalité des activités correspondant à la fonction éclairage de ses bicyclettes. Il propose à Lux de lui payer le coût actuel de 21,80 € (tableau ci-dessus), la division Lumière assurant la fourniture de la dynamo et d'autres divisions de Lux prenant en charge les autres fournitures. Lux, qui travaille en coût complet, chiffre le projet à 23,90 € dont 12 € d'allocation de coûts de capacité (« fixes »).

Question 2. Pourtant, le président de Lux est d'accord pour accepter cette offre. Quelles raisons financières peut-on y voir ?

Question 3. L'acceptation de l'offre de Baldwin conduirait la division Lumière à facturer en interne (prix de cession interne) la dynamo aux divisions de Lux qui feraient le reste du travail. Quel prix est-il normal de choisir ?

Corrigé

Question 1

Le coût d'opportunité est le coût du chiffre d'affaires perdu, soit 17,40 € par unité et au total 1 740 000 €, si l'on compare au chiffre d'affaires (on peut admettre que le coût d'opportunité est la marge sur coût variable perdue, mais il faut alors la comparer à la marge nouvelle).

Question 2

Comme on fonctionne à 75 %, les coûts fixes unitaires baisseront.

Question 3

Le prix logique est le prix de vente externe, qui est le coût d'opportunité.

OLIVE, HUILE ET CIE.

Vous venez de créer **Olive, Huile et Cie**, un site internet de vente d'huiles, d'olive principalement. Les frais divers sont de 4 500 € par mois. Les 9 salariés que vous avez embauchés coûtent 13 500 € par mois pour 140 heures de présence, sachant qu'une heure de présence correspond d'après vos prévisions à 0,8 heure de travail. La marge que vous comptez faire est de 30 % sur le prix de vente. Les clients paient à réception ou d'avance avec un escompte de 2 %.

Question 1. Quels chiffres clés faut-il regarder pour gérer cette activité ?

Vous réalisez avec l'expérience que le traitement d'une commande demande, quelle qu'elle soit, à peu près 0,25 heure de travail et consomme des fournitures pour 10 €.

Question 2. Écrivez l'équation du point mort.

Vous constatez que vos concurrents ont tous sous-traité le traitement des commandes et qu'ils parviennent ainsi à un coût moyen de 3 euros par commande.

Question 3. En dehors du montant, quelle différence existe-t-il entre le coût des concurrents et le vôtre ?

Question 4. Comment pouvons-nous compenser, en termes de montant moyen de la commande, notre handicap de coût ?

Corrigé

Question 1

Comme dans tous les *business models* comprenant des coûts non volumiques, la première donnée clé est le point mort, soit ici 18 000/0,3 = 60 000 €.

Question 2

On dispose mensuellement de 9 × 140 × 0,8 = 1 008 h de travail, ce qui va limiter le nombre d'expéditions possibles. Avec un point mort de 60 000 euros, il faut un montant moyen minimum de 60 000/1 008 = 59,50 € par heure travaillée. Il reste à savoir quelle expression de cette contrainte est la mieux adaptée au suivi et au diagnostic ; un chiffre d'affaires par jour est plus clair, mais n'a de sens que si l'on connaît la saisonnalité quotidienne, ce qui est peu probable !

Le point mort devient alors, en appelant N le nombre de commandes et ca le montant moyen de la commande :

$$N(0{,}3 \times ca - 10) = 18\,000$$

ce qui détermine une courbe de solutions entre N et ca. Toutes ces solutions ne correspondent évidemment pas au plein-emploi de la main-d'œuvre et certaines ne sont pas accessibles avec les effectifs prévus (le maximum traité est de 1 008/0,25 commandes, soit 4 032 commandes).

Une commande demande 0,25 h, on peut donc traiter au maximum 1 008/0,25 = 4 032 commandes comme on vient de le voir. Le montant moyen ca doit donc être :

$$ca = \frac{18\,000 + (10 \times 4\,032)}{(4\,032 \times 0{,}3)}$$

Soit ca = 48,215 €

Le nouveau point mort est de 194 400 €. C'est un chiffre d'affaires de 192,80 € par heure travaillée et par personne. Les 10 € d'emballage multiplient donc le niveau de la commande minimale.

Le *business model* financier de plein-emploi se résume dans :

$$ca = \left(\frac{18\,000 \times 0{,}25}{9 \times 140 \times 0{,}8} + 10\right) \times \frac{1}{0{,}3}$$

En appelant donc
F les frais généraux
s le coût salarial par personne
t le temps de traitement d'une commande
E l'effectif, supposé ne pas faire d'heures supplémentaires
r le rendement de l'heure de présence
c le coût de l'emballage par commande
m la marge sur le prix de vente
le *business model* devient

$$ca = \left(\frac{F + (E \times s)}{E \times 140 \times r} \times t + c\right) \times \frac{1}{m}$$

Question 3

Le coût de traitement d'une commande est actuellement de 13 500/4 032 = 3,35 €.

Le coût des concurrents est variable, ils courent donc un plus faible risque. Parvenir à un coût de 3 € avec notre modèle supposerait de traiter N colis de sorte que :

$$13\,500/N = 3$$

soit 4 500 colis. Le nombre de colis traités étant :

$$9 \times 140 \times r/t$$

il faut que r/t soit de 3,57 alors qu'il est de 3,2. Si r reste de 0,8, il faut que t soit de 0,224 h au lieu de 0,25 h, soit un gain de productivité de 11 %. Mais on peut aussi chercher à répartir le gain de productivité de 11 % entre r et t.

Si la productivité ne permet pas de compenser le handicap de coût de préparation de la commande, toutes choses égales par ailleurs cela signifie qu'il faut obtenir des commandes supérieures à celles des concurrents pour égaler leurs performances financières.

Par exemple, pour réaliser la même marge, il faut un chiffre d'affaires de (3,35 – 3)/0,3 = 1,17 € par commande. Plus généralement un écart de 1 € sur les coûts implique de compenser par un montant moyen supplémentaire de 3,33 €. Les concurrents ont rendu variable le coût du traitement des commandes alors qu'il est ici un coût « fixe » par mois. Une diminution du nombre des commandes conduira vite à une pénalité considérable par rapport aux coûts des concurrents.

SOCIÉTÉ GEL

Thème : centres de profit, cessions internes, incitation, performance, coût d'opportunité.

La société Gel fabrique des congélateurs et elle produit elle-même les moteurs qu'elle monte sur ses appareils. Elle s'est organisée en trois divisions (achats-logistique, moteurs, congélateurs).

La division achats-logistique est jugée sur le respect de ses prévisions de coûts, et notamment sur les remises qu'elle obtient de la part de ses fournisseurs par rapport au prix d'achat qu'elle inscrit dans ses prévisions et son budget. Les divisions moteurs et congélateurs sont, elles, jugées sur leur bénéfice annuel. La société comprend en outre un service administratif et financier qui se situe, avec la division achats et la direction générale, au siège social.

Les deux divisions Moteurs et Congélateurs sont libres de choisir leurs fournisseurs (le schéma 1 indique les flux internes possibles) et leurs clients. Quand elles s'approvisionnent en interne, la fourniture leur est facturée selon un barème décidé par la direction générale. La

Schéma 1

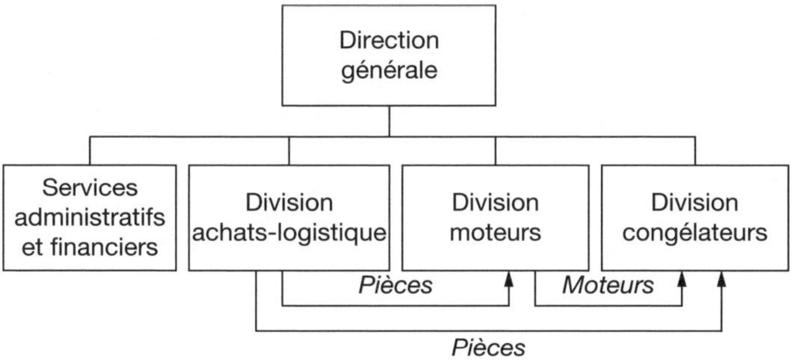

division Moteurs s'est récemment aperçue, grâce à cette liberté de manœuvre, qu'elle peut facilement trouver des clients externes pour vendre ses moteurs, et probablement pour la totalité de sa production, au prix de 450 €.

Les vendeurs des divisions Moteurs et Congélateurs perçoivent une commission de 5 % du chiffre d'affaires sur les ventes externes, mais aucune commission ne leur est versée sur les ventes internes.

Le résultat des divisions Moteurs et Congélateurs est calculé après imputation des frais du siège (direction, services administratifs, coûts de fonctionnement de la division achats-logistique) à chacune d'elles, ce qui se fait au prorata de leurs chiffres d'affaires totaux respectifs.

Le résultat de la division Moteurs est le suivant pour l'année dernière :

Achat de pièces (32 000 unités à 14 €)	448 000	Ventes externes (1 000 moteurs à 450 €)	450 000
Charges de personnel	300 000	Ventes internes (2 200 moteurs à 300 €)	660 000
Énergie	52 500		
Dotation aux amortissements	105 000		
Loyers	48 000		
Commissions des représentants	22 500		
Allocation de frais de siège	293 065	Perte	159 065
Total	1 269 065	Total	1 269 065

Les ventes internes de moteurs à la division des congélateurs sont facturées au coût de production (pièces, personnel, énergie, amortissements, loyer), soit environ 300 €. Les pièces sont facturées par la division achats-logistique au prix coûtant réel de 14 €. La prévision budgétaire de la division achats-logistique était de 15 €, mais une remise a pu être obtenue auprès des fournisseurs grâce à un achat massif et à un stockage des excédents sous la responsabilité de la division des achats. Les divisions Moteurs et Congélateurs n'ont aucun stock de pièces ni de produits.

Le résultat de la division Congélateurs est le suivant :

Achats de moteurs en interne (2 200 unités à 300 €)	660 000	Ventes (2 700 congélateurs à 1 600 €)	4 320 000
Achats de moteurs à l'extérieur (500 unités à 450 €)	225 000		
Achats de pièces (54 000 unités à 14 €)	756 000		
Charges de personnel	935 000		
Énergie	185 000		
Dotation aux amortissements	185 000		
Loyers	68 000		
Commissions aux représentants	216 000		
Allocation de frais de siège	1 071 645		
Bénéfice	18 355		
Total	4 320 000	Total	4 320 000

Cette division paye ses pièces à la division achats-logistique selon le même principe qui vient d'être décrit à propos de la division Moteurs.

Le président de la société constate que son résultat net est négatif et il se félicite d'avoir organisé l'affaire en divisions. Il lui est, en effet, facile de constater ainsi que la perte vient de la division des moteurs, à laquelle il va demander des explications.

Question 1. Quel comportement le directeur de la division Moteurs est-il incité à avoir par le système de gestion mis en place ?

Question 2

a) Quel est le coût d'opportunité, pour la division Moteurs, de livrer un moteur à la division Congélateurs ?

b) Le coût d'opportunité de cette livraison interne est-il identique si l'on se place du point de vue de la société Gel dans son ensemble ?

c) Votre réponse à b) serait-elle la même si vous appreniez que la livraison interne économise des coûts de déballage et d'entreposage de 35 € par moteur dans la division Congélateur ?

Question 3. On ignore le cas de la question c) et l'on revient aux données initiales de l'exercice. Quel devrait être le prix de cession interne des moteurs si l'on voulait, par ce prix, signaler à la division Congélateur quel est le véritable coût pour Gel de son approvisionnement en moteurs par livraison interne ?

Question 4. Cela modifierait-il le comportement des divisions ?

Question 5. Cela mesurerait-il mieux leurs performances respectives, par comparaison avec le système actuellement en place ?

Question 6. Que faudrait-il changer encore pour mesurer les performances de chacune des trois divisions (ici leur contribution aux résultats comptables de la société) de manière plus significative que ne le fait Gel ?

Question 7. On considère maintenant la seule division Moteurs. Ses coûts en personnel, en amortissements et en loyer sont supposés fixes. Les commandes sont très faibles et un acheteur lui propose exceptionnellement d'acheter 20 moteurs au prix unitaire de 250 €. Doit-elle accepter ?

Corrigé

Question 1

La division moteur est incitée à vendre à l'extérieur.

Question 2

a) Le coût d'opportunité est le chiffre d'affaires perdu, 450 €, corrigé du différentiel des coûts, soit les commissions de 5 %, 22,50 € : donc 427,50 €.

b) Le coût est identique.

c) Non. Le coût d'opportunité pour la société est diminué de 35 €. En livrant en interne, elle perd 450 €, économise 22,50 € et 35 €. Le manque à gagner net est donc de 392,50 €.

Question 3

Le prix devrait être le coût d'opportunité, donc 450 €, corrigé de la différence des coûts entre interne et externe, soit la commission de 5 %.

Avec un prix interne de 450 € moins 5 %, soit 427,50 €

Achat de pièces (32 000 unités à 14 €)	448 000	Ventes externes (1 000 moteurs à 450 €)	450 000
Charges de personnel	300 000	Ventes internes (2 200 moteurs à 427,50 €)	940 500
Énergie	52 500		
Dotation aux amortissements	105 000		
Loyers	48 000		
Commissions des représentants	22 500		
Marge	**414 500**		
Allocation de frais de siège	293 065		
Résultat	**121 435**		
Total	1 390 500	Total	1 390 500

Achats de moteurs en interne (2 200 unités à 427,50 €)	940 500	Ventes (2 700 congélateurs à 1 600 €)	4 320 000
Achats de moteurs à l'extérieur (500 unités à 450 €)	225 000		
Achats de pièces (54 000 unités à 14 €)	756 000		
Charges de personnel	935 000		
Énergie	185 000		
Dotation aux amortissements	185 000		
Loyers	68 000		
Commissions aux représentants	216 000		
Marge	**809 500**		
Allocation de frais de siège	1 071 645		
Bénéfice	**– 262 145**		
Total	4 320 000	Total	4 320 000

Résultat net Gel – 140 710

Question 4

La division moteurs est indifférente entre l'interne et l'externe mais la division congélateurs est conduite à choisir l'interne, ce qui se vérifie comme la bonne solution sur les résultats globaux comme ci-dessus.

Question 5

Dans tous les cas, la rente des Congélateurs est supprimée et les résultats deviennent indépendants entre Moteurs et Congélateurs.

Question 6

D'autre part, les performances des deux divisions sont mieux mesurées si l'on ne leur transfère pas de *frais de siège* au prorata du chiffre d'affaires (on voit l'absurdité puisque cette allocation dépendrait des prix de cession interne des moteurs) ni de *bonus / malus sur achats de pièces* (facturer à 15 € comme prix convenu entre les divisions au moment du budget, et ne pas ouvrir la possibilité à la division Moteurs et à la division Congélateurs d'acheter ensuite chacune de leur côté à l'extérieur).

On aurait alors :

Avec un prix interne de 450 € moins 5 %, soit 427, 5 €

Achat de pièces (32 000 unités à 15 €)	480 000	Ventes externes (1 000 moteurs à 450 €)	450 000
Charges de personnel	300 000	Ventes internes	940 500
Énergie	52 500	(2 200 moteurs à 427,50 €)	
Dotation aux amortissements	105 000		
Loyers	48 000		
Commissions des représentants	22 500		
Marge	**382 500**		
Total	1 390 500	Total	1 390 500

Achats de moteurs en interne (2 200 unités à 427,50 €)	940 500	Ventes (2 700 congélateurs à 1 600 €)	4 320 000
Achats de moteurs à l'extérieur (500 unités à 450 €)	225 000		
Achats de pièces (54 000 unités à 14 €)	810 000		
Charges de personnel	935 000		
Énergie	185 000		
Dotation aux amortissements	185 000		
Loyers	68 000		
Commissions aux représentants	216 000		
Marge	**755 500**		
Total	4 320 000	Total	4 320 000

Contribution moteurs	382 500
Contribution congélateurs	755 500
Remises obtenues	86 000
Frais de siège	1 364 710
Résultat Gel	– 140 710

On note encore la faiblesse de la mesure de la performance des achats, qui stockent et donc créent des besoins de trésorerie parce qu'ils ne sont jugés que sur les remises, dans des conditions certainement peu significatives.

Question 7

On peut ici raisonner en marge sur coût variable et accepter la commande si la contribution est positive. C'est bien le cas.

Ventes de 20 moteurs à 250 €	5 000
Coûts variables	
200 Pièces à 15 €	3 000
Marge	2 000

Société Eltoro

Thème : coûts pertinents, coût d'opportunité, prise de décision.

La société Eltoro France est une filiale de la société espagnole du même nom. Elle commercialise des charcuteries espagnoles, certaines achetées à la maison mère, d'autres produites dans son usine de Tarbes. Les produits fabriqués en Espagne sont achetés à la maison mère et revendus à la grande distribution. Ainsi, le chorizo label excellence appellation d'origine est acheté 20 euros le kilo à la maison mère et vendu 25 euros aux centrales d'achat après marges arrière ; les distributeurs le mettent en rayon au prix de 35 euros hors taxes. Les frais de transport à la charge d'Eltoro France sont de 2 euros le kilo. Le coût variable de production en Espagne est de 8 euros. La maison mère ne souhaite pas réaliser de gros bénéfices en France, en raison du système fiscal français.

La distribution en France est régionale et Eltoro voudrait accroître son chiffre d'affaires car elle est un centre de profit aux yeux de la maison mère. Aussi multiplie-t-elle les campagnes de promotion pour faire connaître ses produits auprès d'un public de connaisseurs.

On admettra que le volume de chorizo vendu normalement est de 100 tonnes.

Question 1. Quelle devrait être la réaction des centrales d'achat des distributeurs pour qu'une baisse de 10 % du prix de vente de 25 euros soit intéressante pour Eltoro France ? On négligera l'impact des marges arrière.

Vous apprenez que la politique des distributeurs est, bien entendu, d'accroître leurs bénéfices, mais aussi de veiller à maintenir leurs marges unitaires en pourcentage du coût d'achat.

Question 2. Quelle conséquence cela a-t-il sur le calcul précédent ?

Question 3. On ignore maintenant cet aspect. Que deviendrait la condition trouvée en question 1 si Eltoro France et la maison mère ne constituaient qu'une seule société unique, sans prix de transfert par conséquent ?

L'analyse de la chaîne de valeur montre que la maison mère pourrait vendre en Espagne au prix net de frais de 12 euros le tonnage expédié à sa filiale en France.

Question 4. Quel est le coût d'opportunité de la cession à la filiale française ? Quel prix de transfert entre l'Espagne et la France pourriez-vous préconiser pour optimiser la gestion d'Eltoro dans son ensemble (tout impact fiscal sera négligé) ?

Eltoro France étudie les conditions de rentabilité de ses promotions. Son contrôleur de gestion a fait remarquer que les calculs précédents peuvent se révéler illusoires car les clients qui achètent à l'occasion d'une promotion sont, pour 70 %, des clients habituels (pour autant on ne stocke pas le chorizo comme les cigarettes !). D'autre part une campagne de promotion n'a d'intérêt que si elle conduit à fidéliser les clients nouveaux touchés à cette occasion. On peut penser que 20 % d'entre eux seront fidélisés.

Question 5. Quelle conséquence en tirez-vous sur les conditions de validité financière pour Eltoro France d'une campagne qui consiste à donner 15 % de produit « en plus » au même prix ?

Corrigé

Question 1

Il faudrait que l'effet volume induit par la baisse de prix permette de la compenser pour accroître finalement la marge sur coûts variables, si, du moins, on admet que les coûts de capacité puissent rester stables. Le coût d'achat à la maison mère et le coût de transport sont des coûts variables pour la filiale française.

	Avant	**Après**
Prix	25,00	22,50
Coût pour Eltoro		
Transport	2,00	2,00
Achat	20,00	20,00
Marge	3,00	0,50
Quantité vendue (kg)	100 000,00	Q_2 inconnue
Marge	M_1	M_2
Soit	300 000,00	$0,5 \times Q_2$

$M_2 > M_1$ si $Q_2 > 600\ 000$, soit un volume de ventes 6 fois plus élevé qu'avant la baisse. C'est évidemment considérable, et il est peu probable qu'une telle progression, si elle se faisait, ne modifie pas les coûts de capacité.

Question 2

On suppose donc que la distribution suit la baisse en maintenant sa marge en pourcentage.

	Avant	Après
Coût d'achat des distributeurs	25,00	22,50
Prix de vente consommateurs	35,00	31,50
Marge des distributeurs	10,00	9,00
Taux de marque	40 %	40 %
Quantité	100 000,00	Q'_2 inconnu
Marge totale des distributeurs	1 000 000,00	$9 \times Q'_2$

La nouvelle marge pour les distributeurs est supérieure à l'ancienne si $Q'_2 > 111\ 111$, soit une progression nécessaire du volume de 11 %. Pour eux, l'effet volume nécessaire est bien plus faible que pour Eltoro.

Question 3

Il faut alors regarder l'ensemble des marges de la maison mère et de la filiale.

	Avant	Après
Prix	25,00	22,50
Coût pour Eltoro dans son ensemble		
Transport	2,00	2,00
Coûts variables de fabrication	8,00	8,00
Marge	15,00	12,50
Quantité vendue	Q_1	Q_2
Marge	$M_1 = 15 \times Q_1$	$M_2 = 12,5 \times Q_2$

On voit que $M_2 > M_1$ si $Q_2 > 1,2Q_1$. Il suffit donc d'une progression de 20 % des volumes vendus pour que le groupe améliore son résultat en baissant le prix de vente (sous réserve du maintien à l'identique de ses coûts de capacité).

Question 4

Le coût d'opportunité est de 12 € ; ce devrait être le prix de transfert.

Question 5

Si l'on admet que les volumes vendus l'auraient été de toute façon, le coût d'opportunité de la marge apportée par la promotion est la marge habituelle.

On admettra que tous les coûts sont augmentés de 15 % du fait des volumes supplémentaires.

Pour simplifier, on raisonnera sur la base de 100 acheteurs.

			Répartition des acheteurs :	
	Sans promo	**Avec promo**	**Anciens clients (70 %)**	**Nouveaux clients (30 %)**
Vente	2 500,00	2 500,00	1 750,00	750,00
Coût Eltoro France	2 000,00	2 300,00	1 610,00	690,00
Coûts de transport	200,00	230,00	161,00	69,00
Marge	300,00	– 30,00	– 21,00	– 9,00
Marge perdue		300,00	210,00	90,00
À rattraper		330,00	– 231,00	– 99,00
Nombre d'achats nécessaires		110		
Nouveaux clients attendus pour 100 acheteurs de la promotion				6
Achats nécessaires par client				18,33

Il faut que chaque client fidélisé effectue ultérieurement 19 achats pour que le coût de la promotion soit amorti.

Société Norin

Thème : point mort, simulations, aide à la décision

La société Norin fabrique et vend un unique produit. Voici son résultat pour le mois de mai :

	Quantité	Prix unitaire (€)	Montant (€)
Ventes	13 500	20	270 000
– Coûts variables			– 189 000
= Marge sur coûts variables			81 000
– Coûts de capacité du mois			– 90 000
= Perte			– 9 000

Question 1. Calculez le point mort de Norin.

Le directeur des ventes pense qu'une augmentation de 8 000 € du budget mensuel de publicité, combinée avec la relance du plan d'action commercial, permettrait d'augmenter de 70 000 € le chiffre d'affaires mensuel.

Question 2. Si cette hypothèse se vérifie, quel est son impact sur le résultat mensuel ?

Le président est, pour sa part, convaincu qu'une réduction de 10 % du prix de vente associée à une augmentation de 35 000 € du budget mensuel de publicité permettrait de doubler le volume des ventes.

Question 3. Dans cette hypothèse, indépendamment de la précédente, quel serait le résultat mensuel ?

On revient maintenant aux données initiales. L'agence de publicité qui travaille pour NORIN pense qu'une rénovation de l'emballage du produit permettrait de développer les ventes. Les coûts s'en trouveraient augmentés de 0,60 € par unité (coût variable).

Question 4. En supposant que les autres coûts restent identiques, quel volume de ventes faudrait-il réaliser chaque mois pour obtenir un bénéfice mensuel de 4 500 € ?

On revient à nouveau aux données de départ. En automatisant une partie de ses processus de production, Norin pourrait diviser par deux ses coûts variables. En contrepartie, ses coûts de capacité mensuels augmenteraient de 118 000 €.

Question 5. Calculez le nouveau point mort.

Question 6. Supposez que Norin compte sur une vente mensuelle de 20 000 unités. Quels seraient ses résultats selon qu'il automatise ou non ?

Question 7. À quelle condition Norin a-t-il intérêt à automatiser ?

Corrigé

Question 1

	Coûts fixes	Marge sur coûts variables	Point mort = Coûts fixes/marge
Point mort	90 000	6	15 000

Question 2

Les coûts de capacité augmentent de 8 000 €, la marge sur coût variable augmente en raison du volume supplémentaire.

	Quantité	Montant unitaire	Montant
Supplément de marge sur CV	3 500	6	21 000
Supplément de coûts			8 000
Croissance du résultat			13 000

Question 3

Il faut chiffrer l'effet du volume des ventes pour le comparer aux coûts engagés. Ici le choix est mauvais car la perte augmente.

	Quantité	Montants unitaires	Montant
Ventes	27 000	18	486 000
Coûts variables		14	– 378 000
Marge sur coûts variables			108 000
Coûts de capacité			– 125 000
Perte			– 17 000

Question 4

Marge sur CV	5,4
Coûts de capacité + 4 500	94 500
Quantité à vendre	17 500

Question 5

Marge sur coûts variables	13
Coûts fixes	208 000
Point mort	16 000

Question 6

Sans automation	Quantité	Prix unitaire	Montant
Ventes	20 000	20	400 000
Coûts variables		14	– 280 000
Marge sur coûts variables		6	120 000
Coûts de capacité			– 90 000
Résultat			30 000

Avec automation	Quantité	Prix unitaire	Montant
Ventes	20 000	20	400 000
Coûts variables		7	– 140 000
Marge sur coûts variables		13	260 000
Coûts de capacité			– 208 000
Résultat			52 000

Question 7

On peut éclairer le choix en calculant le point mort qu'il sera nécessaire d'atteindre.

	Sans automation	Avec automation	Écart
Marge sur CV	6	13	7
Coûts de capacité	90 000	208 000	118 000
Point mort			16 857

SOCIÉTÉ ARÔMEAL

Thèmes : coûts pertinents, coût d'opportunité, décision.

Le groupe **Arômeal** est depuis de nombreuses années le leader mondial des cosmétiques, et développe également son activité dans les domaines de la dermatologie et de la pharmacie. Sa stratégie est basée sur une spécialisation autour de quatre métiers principaux (produits capillaires, maquillage, soins de la peau et parfums), au moyen d'une dizaine de grandes marques à vocation mondiale.

Pour accompagner la très forte croissance, la direction générale du groupe est amenée à évaluer l'adéquation entre les capacités de production installées et le développement de chaque métier et de chaque marque. En effet, les sites de production sont progressivement spécialisés par technologie ou par marque.

En tant que manager « secteur France », vous êtes responsable de plusieurs implantations industrielles et du suivi de leur rentabilité. Vous devez soumettre des projets d'investissement à la direction générale. La politique d'Arômeal vise notamment à une maîtrise totale des coûts de production par un contrôle de la valeur ajoutée industrielle.

Le site de Barbizon attire plus particulièrement votre attention : négligé par votre prédécesseur, il dispose d'un outillage vieillissant et sa profitabilité décline. Sa capacité de production s'établit à 125 000 unités.

Les principales données chiffrées du site sont les suivantes :

	Quantité	Prix (€)	Montant (€)
Ventes	100 000	185,80	18 580 000
Coût de production des ventes			
Variables	100 000	65,30	6 530 000
Capacité			6 540 000
Coûts commerciaux et administratifs			
Variables	100 000	18,58	1 858 000
Capacité			2 150 000
Résultat			1 502 000
Ratio résultat/ventes			8,08 %

Question 1. Présentez le compte de résultat en imputation rationnelle.

Question 2. Quel est le point mort actuel de ce site (on admettra ici que les taux de marge sur coûts variables des différents produits qui y sont fabriqués sont voisins) ?

Le déclin du produit « Keratessence », dont le taux de marge sur coûts variables est identique à celui du site de Barbizon dans son ensemble, devrait induire une baisse globale du chiffre d'affaire de 15 % dès l'an prochain (toutes les autres données financières restent inchangées). Afin de compenser cette baisse, le directeur de la production vous propose de faire porter vos efforts d'investissement sur le nouveau composé « Oleo Acquæ » issu de la technologie des nanoémulsions, dont les données sont les suivantes :

Oleo Acquæ	**Montant**
Prix de vente	315 €/u
Coûts variables unitaires	112 €/u
Coûts de capacité supplémentaires	1 200 000 €

Question 3. Quel volume du composé « Oleo Acquæ » faut-il vendre pour maintenir le même résultat l'année prochaine sur le site ?

Une autre solution consisterait à enrayer la baisse des ventes de « Keratessence » en diminuant son prix de vente et en réalisant une campagne de promotion destinée à capter le segment des 25-35 ans.

Vous savez que « Keratessence » a contribué jusqu'ici pour 60 % au total du chiffre d'affaires, que son prix unitaire est de 139,35 € et que sa structure de coûts est homogène avec le reste des productions de l'usine. Le responsable marketing estime qu'une diminution de 6 % du prix non seulement devrait permettre d'éviter la baisse des ventes de « Keratessence », mais même de les faire croître en volume de 15 %.

Question 4. La solution consistant à se limiter à une diminution du prix vous paraît-elle envisageable ? Justifiez votre réponse par le calcul.

Le coût de la campagne de promotion serait de 500 000 €.

Question 5. Calculez les objectifs de vente à atteindre en distinguant la campagne de promotion seule et une action combinant baisse de prix et campagne de promotion. Justifiez vos réponses par le calcul.

Le site de Basenhaut vous demande si votre site de Barbizon peut lui livrer le sous-produit « Liss-detox ». Ces livraisons porteraient sur un volume de 10 000 unités. La conjoncture est maussade au moment où vous recevez cette proposition, vous étiez en train d'envisager de réduire votre capacité de production de 20 %. La cession interne vous permettrait de relancer le site et vous ferait économiser la moitié des coûts de commercialisation et d'administration.

Question 6. Quel est le coût d'opportunité de cette commande ? À quel prix faut-il réaliser la vente ?

Nous sommes maintenant un semestre plus tard, la conjoncture a changé, vous travaillez au maximum de vos capacités (125 000 unités) et le prix du composant « Liss-detox » à un fabricant générique serait de 185 €.

Question 7. Quel est alors le coût d'opportunité de la demande interne ?

Corrigé

Question 1

Compte de résultat en imputation rationnelle (IR)	Quantités	Montant
Ventes	100 000	18 580 000
Charges variables	100 000	8 388 000
Marge sur coûts variables	100 000	10 192 000
Coûts de capacité absorbés		5 232 000
Marge d'IR		4 960 000
Coût de sous-activité		1 308 000
Coûts de capacité administratifs et commerciaux		2 150 000
Résultat		1 502 000

Niveau réel d'activité n	100 000	
Niveau normal d'activité N	125 000	
Coûts de capacité industriels		6 540 000
Coûts de capacité absorbés		5 232 000
Coût de sous-activité		1 308 000

Question 2

Calcul du point mort	
Marge sur coûts variables	101,92
Coûts de capacité	8 690 000
Point mort	85 263

Question 3

Perte de marge sur coûts variables	1 528 800	soit 15 %
Marge d'Oléo	203	
Nouveaux coûts de capacité	1 200 000	
Il faut une quantité de	13 442,36	

pour que la marge sur coûts variables couvre les nouveaux coûts et la marge perdue.

Question 4

	Si on n'agit pas sur le prix			**Si on change le prix**		
	Quantité	**Prix**	**Montant**	**Quantité**	**Prix**	**Montant**
Chiffre d'affaires	80 000	139,35	11 148 000	92 000	130,99	12 050 988
Coûts variables	80 000	76,44	6 115 200	92 000	68,08	6 263 268
		soit le taux de Barbizon			Impact	148 068

Question 5

Soit promotion et baisse de prix (marge sur coûts variables de 68,08) : 7 344,41.

Soit promotion seule (500 000), marge sur coûts variables 76,44 : 6 541,08.

Question 6

Coût d'opportunité de Liss-detox : il n'y a pas de sacrifice externe. Le coût d'opportunité est alors formé des coûts engagés pour produire et vendre.

Nombre d'unités livrées	10 000
Coûts variables de production	653 000
Coûts variables commerciaux et administratifs	92 900
Coûts des capacités maintenues	1 308 000
Coût d'opportunité	2 053 900
d'où le prix de cession interne	205,39

Question 7

S'il y a un sacrifice externe :

Chiffre d'affaires perdu	185
Coûts variables économisés	9,29
Coût d'opportunité	175,71
Coût d'opportunité total	1 757 100

Société Auban

Thème : imputation rationnelle, coût d'opportunité.

La société Auban dispose d'un parc de 50 véhicules. Elle livre pour le compte de ses clients et elle facture 4 euros par km. Les coûts annuels du parc sont les suivants (ils sont simplifiés et on ne recherche par le réalisme) :

	Coût annuel (€)	**Inducteur**
Assurance	1 500	le véhicule
Entretien (sous-traité)	300	le véhicule
Entretien (sous-traité)	0,04	le km parcouru
Consommation	0,3	le km parcouru
Chauffeur	24 000	le véhicule
Dépréciation	25 000	le véhicule
Dépréciation	0,2	le km parcouru

En moyenne 20 % du parc est inutilisé. Les aléas normaux imposent pratiquement que 2 véhicules sur 50 soient immobilisés en moyenne pour entretien ou pour des incidents divers, ce qui revient à supposer qu'au lieu de rouler 220 jours par an, un véhicule roule normalement environ 211 jours.

Question 1. Si l'on considère que le niveau normal d'activité doit indiquer le fonctionnement satisfaisant de l'outil, quel est ce fonctionnement et quel est le coût de sous-activité ?

La direction se demande si elle ne devrait pas désinvestir et affecter les chauffeurs libérés au remplacement de ceux qui vont prendre prochainement leur retraite. On supposera que la cession d'un véhicule supprime ses coûts annuels sans prendre en considération la trésorerie supplémentaire qu'elle apporte.

Question 2. Quel est le coût d'opportunité de la suppression d'un véhicule ?

Question 3. À partir de quel kilométrage annuel le désinvestissement des véhicules en sous-activité se justifie-t-il ?

Corrigé

Question 1

Le niveau N est de 96 % du parc, soit l'équivalent de 48 véhicules. Le coût de sous-activité est donc de 8/48 (16,6 %) des coûts de capacité du parc, soit 423 333 €.

	Véhicules	**À déduire**	**soit**	**Reste**
Niveau normal d'activité (N)	50	4 %	2	48
Niveau réel d'activité (n)	50	80 %	40	8
n/N			Sous-activité	0,16666667
Coûts de capacité (€)	2 540 000,00			
F/N	52 916,67			
Coût de sous-activité	423 333,33	423 333,33		

Question 2

Le coût d'opportunité est la marge que l'existence du véhicule aurait permis de réaliser et qui est perdue (ou cette marge moins les coûts qu'entraîne une solution de secours si elle existe).

Coût d'opportunité : la marge perdue, soit par km	
Chiffre d'affaires	4
Entretien variable	0,04
Consommation	0,3
Dépréciation	0,2
Marge	3,46

Barduc

Thème : juste prix d'une commande.

La société Barduc est une PME qui fabrique comme sous-traitant des chemises d'homme vendues sous différentes marques. Une de ses activités concerne la gamme luxe qui regroupe les articles qui sont destinés à être vendus sous les griffes de grands confectionneurs. Pour cette gamme (la seule à laquelle on s'intéressera ici), la société dispose d'une capacité mensuelle de production de 8 000 unités. En janvier 2010, la société Rodi lui propose de lui passer commande d'une série de 10 000 chemises à 12 € pièce livrables par moitiés en février et mars. Pour cette période, la société Barduc tablait sur une activité de production et vente de 6 000 unités pour chacun des deux mois, ce qui correspond à une activité mensuelle normale en février et mars, dans un contexte marqué par des variations saisonnières marquées. Sur 12 mois, la production attendue est de 60 000 unités, réparties entre des extrêmes mensuels de 2 000 et de 8 000 unités. La société Barduc se réfère à ce niveau normal d'activité annuel (60 000 unités par an ou 5 000 par mois) pour répartir ses coûts de capacité entre ses produits.

Le prix moyen de vente pratiqué par Barduc pour ce type d'article est habituellement de 16 € ; la décomposition des coûts correspondants est fournie en tableau 2. De manière classique, elle comprend :

a) des coûts variables volumiques (fonction du nombre d'unités produites),

b) des coûts variables indivis, qui varient avec d'autres inducteurs que l'unité produite (cette gamme de chemises donne lieu habituellement à des lancements de 1 000 unités et à des livraisons par 2 000)

c) et des coûts de capacité.

Sur la base de ces coûts, la société a calculé que chaque chemise lui revenait en moyenne à 12,75 € (tableau 3). C'est pourquoi, dans un premier temps, elle pense rejeter la commande de RODI dont le prix n'est que de 12 €.

Question 1. Ce raisonnement est-il correct ? Sinon, dans quel cas le serait-il ?

On suppose que, si la commande de Rodi est acceptée, elle sera fabriquée par lots de 1 000 unités mais, en raison des exigences du client, qu'elle sera livrée par 1 000 unités.

Question 2. Si on considère la commande comme ponctuelle et non récurrente, quel prix minimum faut-il facturer à Rodi ?

Question 3. Si cette commande devait se pérenniser à chaque mois de février et mars, conviendrait-il de modifier l'approche précédente et comment ?

Tableau 2

	Montant unitaire (€)	Quantité	Nature de l'unité	Montant total (€)	Nature des coûts
Coûts variables volumiques (proportionnels au nombre d'unités produites)	3,50	5 000,00	L'unité fabriquée	17 500,00	Matière et commission de 5 % aux vendeurs
Coûts variables indivis (non liés au volume produit mais à d'autres inducteurs dans le court terme) : en production	4 800,00	5,00	Le lot de 1 000 unités lancé en fabrication	24 000,00	Dépenses de préparation (variables)
Coûts variables indivis : en activité commerciale	2 500,00	2,50	La livraison de 2 000 unités	6 250,00	Dépenses de logistique (variables)
Coûts de capacité	3,20	5 000,00	L'unité fabriquée (selon imputation rationnelle au niveau normal de 5 000 par mois en moyenne)	16 000,00	Frais de fabrication indirects (loyers…) et frais administratifs

Tableau 3

Coût unitaire	
Coûts variables volumiques	3,50
Coûts variables indivis en production	4,80
Coûts variables indivis en commercial	1,25
Coûts de capacité	3,20
Total	12,75

Corrigé

Question 1

Ce raisonnement en coût complet instantané est incorrect

– si on considère la commande comme non récurrente, puisque alors les coûts qu'elle déclenche sont inférieurs à 12,50 € en moyenne

– d'autant qu'il existe un coût d'opportunité en raison de la limitation de la capacité sur 2 mois à 16 000 unités alors que 12 000 unités sont attendues en plus des 10 000 de RODI, ce qui devrait conduire à refuser 6 000 unités.

Ce raisonnement, en revanche, pourrait s'admettre si l'activité moyenne de 60 000 unités était intangible et que chaque unité fabriquée entamait cette capacité, auquel cas toute commande qui ne couvrirait pas son coût complet à ce niveau créerait un déficit potentiel.

Question 2

Il faut calculer l'impact marginal de cette commande. Le plus simple est de le faire par différence (tableau 3) mais on peut aussi procéder au calcul direct (tableau 4).

Tableau 3

	Sans*	Avec**	Écart	*	**
CA	192 000,00	216 000,00	24 000,00	12 000 unités à 16 €	6 000 u à 16 € et 10 000 u à 12 €
Volumiques	42 000,00	56 000,00	14 000,00	12 000 unités à 3,50 €	16 000 unités à 3,50 €
Non volumiques en production	57 600,00	76 800,00	19 200,00	12 séries à 4 800 €	16 séries à 4 800 €
Non volumiques en commercial	15 000,00	32 500,00	17 500,00	6 livraisons à 2 500 €	13 (10 et 3) livraisons à 2 500 €
Marge	77 400,00	50 700,00	– 26 700,00		

Tableau 4

Coût incrémental de la commande	**Montant unitaire**	**Quantité**	**Montant total**
Perte de CA	4,00	6 000,00	24 000,00
Coûts volumiques supplémentaires	3,50	4 000,00	14 000,00
Coûts non volumiques de production supplémentaires	4 800,00	4,00	19 200,00
Coûts non volumiques commerciaux supplémentaires	2 500,00	7,00	17 500,00
Coût incrémental de RODI			74 700,00
CA supplémentaire apporté par RODI	12,00	4 000,00	48 000,00
Marge incrémentale			– 26 700,00

On voit que le fait d'accepter cette commande dégrade le résultat espéré de 26 700 €.

Question 3

Il conviendrait de tenir compte de coûts de capacité à imputer normalement à cette commande, qu'il serait inadapté de traiter en marginal.

Chapitre 2

Modéliser la consommation de ressources

SOCIÉTÉ LUNIC

Thème : homogénéité des coûts, unité d'œuvre.

La société Lunic fabrique des pièces mécaniques à la demande dans une usine où divers processus peuvent être organisés pour assurer la variété des fabrications. Elle intervient aussi, avec ces mêmes installations, comme sous-traitant pour des opérations d'usinage à la demande.

Question 1. Cette usine pourrait-elle être considérée comme une seule « section homogène » ? Pourquoi ?

Si on simplifie la réalité, on décrit l'usine comme intervenant par les activités suivantes :

la *réception de la livraison des matières premières* par le service achats et logistique, activité dont l'unité d'œuvre est « la livraison réceptionnée »,

– *l'ordonnancement* des tâches, opéré chaque jour, dont l'unité d'œuvre est « la commande ordonnancée »,

– le *réglage des machines*, dont l'unité d'œuvre est « la série lancée »,

– le *contrôle de qualité* de la première pièce produite, dont l'unité d'œuvre est « la série lancée »,

– *l'usinage* proprement dit, dont l'unité d'œuvre est « l'heure de machine »,

– *l'assemblage*, dont l'unité d'œuvre est « l'heure de main-d'œuvre directe »,

– le *conditionnement-expédition*, dont l'unité d'œuvre est « l'expédition ». L'expédition est sous-traitée à un transporteur extérieur.

Question 2. Quelle hypothèse sur la manière de travailler au conditionnement et à l'expédition le fait d'avoir retenu « l'expédition » pour unité d'œuvre traduit-il ?

Corrigé

Question 1

Non, parce que l'enchaînement des opérations élémentaires effectuées par l'usine n'est pas stable quel que soit le produit ou la commande ou le client qui les déclenchent.

Question 2

Cela montre que l'on admet que les tâches liées à l'expédition sont toujours les mêmes et consomment les mêmes ressources quelle que soit la commande expédiée.

SOCIÉTÉ GADGETS

Thèmes : inducteurs d'activité, unité d'œuvre, ABC.

La société Gadgets fabrique des réveils de voyage et des montres. Pour calculer ses coûts, elle impute pour l'instant ses frais indirects au prorata des heures de main-d'œuvre directe à chaque production. Le contrôleur de gestion préconise dorénavant une approche ABC fondée sur les données suivantes :

Activité	Inducteurs d'activité	Coût de l'activité (€)	Imputation	
			Réveils	Montres
Ordonnancement de la production	Nombre de lancements	50 000	10	15
Gestion des approvisionnements	Nombre de pièces	15 000	18	36
Emballage et expédition	Nombre d'unités expédiées	30 000	45 000	75 000
Total		95 000		

Question 1. Rappelez à quelle condition un inducteur d'activité peut être aussi une unité d'œuvre.

Question 2. Calculez le montant de frais indirects imputé à chaque type de produit par la méthode préconisée par le contrôleur de gestion.

Question 3. Calculez ce que donnerait l'imputation des frais indirects selon les heures de main-d'œuvre (l'ancienne méthode). On supposera qu'il faut 0,5 heure pour assembler un réveil et 1 heure pour assembler une montre, et que 45 000 réveils et 75 000 montres sont produits.

Question 4. Faut-il suivre les recommandations du contrôleur de gestion et pourquoi ?

Corrigé

Question 1

Il faut que les coûts déclenchés par l'activité soient homogènes.

Question 2

Activité	Nombre d'inducteurs	Coût par inducteur	Réveils	Montres	Total
Ordonnancement de la production	25	2 000,00	20 000	30 000	50 000
Gestion des approvisionnements	54	277,78	5 000	10 000	15 000
Emballage et expédition	120 000	0,25	11 250	18 750	30 000
Total			36 250	58 750	95 000

Question 3

	Réveils	Montres	Total
Temps unitaire	0,5	1	
Quantités	45 000	75 000	
Heures totales	22 500	75 000	97 500
Coût horaire			0,974
Imputation	21 923,08	73 076,92	95 000,00

Question 4

Oui, parce que tous les coûts ne sont pas homogènes par rapport aux heures.

Société Arpège

Thèmes : homogénéité des coûts, unité d'œuvre, équivalences.

La société Arpège fabrique des papiers allant de la très haute qualité en pur chiffon à la qualité ordinaire où la cellulose est principalement utilisée. L'atelier « tri des chiffons » effectue à la main un tri des chiffons reçus, comprenant des « chiffons neufs » dont l'inspection est très rapide et la préparation nulle (le tri est donc immédiat), et des « vieux chiffons » dont le traitement est beaucoup plus long : il faut déplier les tissus, les tourner et les retourner, les examiner soigneusement, ôter les boutons ou les pièces de métal fixés sur les vêtements, disposer les pièces dans des bacs différents selon leur état, toutes opérations totalement inutiles avec les chiffons neufs qui sont des déchets non travaillés achetés aux confectionneurs et aux usines textiles. Chaque trieur, payé à l'heure, peut traiter en une heure 230 kg de chiffons neufs ou 35 kg de vieux chiffons, car les opérations d'inspection-préparation nécessaires sur les chiffons demandent un temps négligeable (10 à 15 % du temps total de traitement) pour les chiffons neufs alors qu'elles constituent probablement 90 % sur les vieux chiffons.

En N, la direction a préféré acquérir plus de chiffons neufs, dont le prix d'achat est plus élevé, car le supplément de prix lui a semblé facile à compenser par l'économie de main-d'œuvre. D'ailleurs, les gains de productivité ont été au rendez-vous : le coût total de l'atelier a baissé de près de 9 %, l'effectif a été réduit de 10 %, alors que le poids de chiffons traité a augmenté de plus de 44 %. Ceci est reflété dans le calcul du coût au kilo (tableau 1).

Tableau 1

	N – 1	N
Coût total de l'atelier	2 572 500	2 361 400
Kg de chiffons traités	2 989 000	4 193 000
Coût au kg	0,861	0,563

Question 1. Ce calcul est-il une image fidèle de la performance de l'atelier ? Pourquoi ?

La direction fut satisfaite de voir ses efforts de productivité transparaître dans les chiffres. Mais le nouveau contrôleur de gestion trouvait cette méthode de calcul arbitraire et il réunit les statistiques et données pour N – 1 et N reproduites en tableau 2. Il a refait les calculs selon une méthode qui lui a semblé meilleure. Dans le calcul des coûts, il a tenu compte comme d'habitude d'une imputation à l'atelier d'une part des frais généraux de l'entreprise ; celle-ci se fait au prorata des heures de main-d'œuvre des différents ateliers. On comprend la surprise du directeur général lorsqu'en étudiant le rapport du contrôleur de gestion (tableau 2), il s'aperçut que, contrairement aux indices du tableau 1, celui-ci concluait à *l'augmentation* du coût unitaire de traitement *de tous les chiffons*, des chiffons neufs comme de celui des vieux chiffons.

Tableau 2

	N – 1	N
Vieux chiffons (tonnes traitées)	2 080	1 438
Chiffons neufs (tonnes traitées)	909	2 755
Total	2 989	4 193
Coûts de l'atelier de tri (euros)		
Main-d'œuvre directe	883 200	777 600
Main-d'œuvre indirecte	275 000	290 600
Main-d'œuvre d'entretien	25 000	23 500
Fournitures d'entretien	8 000	10 200
Fournitures diverses	6 500	7 100
Énergie	31 200	32 400
Amortissements et loyers	683 700	687 500
Total des frais d'atelier	1 029 400	1 051 300
Frais généraux imputés à l'atelier	659 900	532 500
Total	2 572 500	2 361 400
Heures de MO		
Vieux chiffons	59 410	41 395
Chiffons neufs	3 950	12 065
Total	63 360	53 460
Coût horaire	40,60	44,17
Coûts de traitement (euros)		
Vieux chiffons	2 412 125	1 828 473
Chiffons neufs	160 375	532 927
Total	2 572 500	2 361 400
Coût par kilo de chiffon		
Vieux chiffons	1,160	1,272
Chiffons neufs	0,176	0,193

Question 2. Est-il vrai que le coût de traitement des chiffons a augmenté ?

Le contrôleur de gestion et le responsable de l'atelier furent réunis par le directeur général. Le responsable de l'atelier, qui avait médité les chiffres, remarqua que les coûts « contrôlables » par lui ne pouvaient en aucun cas comprendre les frais généraux répartis au prorata de la main-d'œuvre, et que celle-ci avait baissé. C'était la preuve, à son avis, que l'heure de travail n'était pas la bonne unité d'œuvre. Il fallait l'abandonner pour imputer les coûts de l'atelier au kilo et ne pas tenir compte des frais généraux imputés arbitrairement. Et l'on retrouvait alors des chiffres raisonnables (ceux du tableau 3).

Tableau 3

	N – 1	N	Évolution
Coûts de l'atelier	1 029 400	1 051 300	2,13 %
Nombre de tonnes traitées	2 989	4 193	40,28 %
Coût par kg	0,344	0,251	– 27,20 %
Coût du tri des vieux chiffons			
MOD	828 139	602 109	– 27,29 %
Coûts d'atelier	716 344	360 546	– 49,67 %
Total	1 544 483	962 655	– 37,67 %
Coût au kg	0,743	0,669	**– 9,84 %**
Coût du tri des chiffons neufs			
MOD	55 061	175 491	218,72 %
Coûts d'atelier	313 056	690 754	120,65 %
Total	368 117	866 245	135,32 %
Coût au kg	0,405	0,314	**– 22,36 %**

Question 3. L'unité d'œuvre doit-elle être le kilo trié ?

Question 4. Quelles sont les « activités » menées par l'atelier de tri des chiffons ?

Question 5. Leurs coûts peuvent-ils être regroupés comme le fait la comptabilité actuelle ? Pourquoi ?

Question 6. À quelles conditions pourrait-on, dans cette entreprise, cesser de saisir les temps pour se contenter d'un calcul par équivalence, qui considérerait qu'un kg de vieux chiffons équivaut à 230/35 kg de chiffons neufs, et donnerait donc le calcul suivant :

Tonnage traité	N – 1	N
Vieux chiffons (T)	2 080	1 438
*230/35	6,571	6,571
soit équivalent chiffons neufs	13 669	9 450
Chiffons neufs (T)	909	2 755
Total	14 578	12 205
Coût atelier	2 572 500	2 361 400
Coût par équivalent tonne de chiffons neufs	176	193
Coût à la tonne de vieux chiffons	1 160	1 271

Corrigé

Question 1

Non, puisque le coût unitaire global dépend de la proportion des chiffons, choix qui n'est pas du ressort de l'atelier.

Question 2

Oui, si l'on considère que l'heure est un inducteur de coût et que le rendement à l'heure a baissé, alors que le coût horaire a augmenté.

Kg triés à l'heure	N – 1	N
Vieux	35,01	34,74
Neufs	230,13	228,35

Coût horaire	N – 1	N
MOD	13,94	14,55
Atelier	16,25	19,67
Frais généraux	10,42	9,96
Total	40,60	44,17

Question 3

L'unité d'œuvre ne peut pas être le kilo. Pour que cela soit possible, il faudrait que les coûts de l'atelier suivent l'évolution du tonnage traité, ce qui n'est pas le cas.

Question 4

Inspection-préparation, et tri.

Question 5

Oui, puisque le temps de travail est commun et couvre les deux activités. On ne pourrait pas, en revanche, se servir du seul temps de tri sans prendre en compte les différences de temps d'inspection.

Question 6

Il faudrait avoir l'assurance de la stabilité des temps relatifs, et ne pas avoir besoin de connaître les coûts des activités.

SOCIÉTÉ MAYDAY

Thèmes : inducteurs d'activité, unités d'œuvre, coûts homogènes.

La société Mayday est une petite entreprise spécialisée dans l'usinage à la demande selon la technique du décolletage, qui consiste à transformer des barres métalliques par tournage. Ses principaux clients se trouvent dans l'industrie mécanique et spécialement dans l'industrie automobile. En simplifiant, on peut décrire en cinq activités le processus de traitement des commandes :

- planning-ordonnancement,
- réglage de la (ou des) machine(s),
- usinage,
- conditionnement-expédition,
- transport.

L'activité de planning et ordonnancement est déclenchée lors de l'acceptation de chaque commande nouvelle, le réglage (qui demande un temps identique pour chaque réglage) et l'usinage sont déclenchés lors du lancement de la série à laquelle correspond la commande (en principe une commande est traitée en une seule série, donc en une seule fois), le conditionnement est effectué dès la fin de la fabrication mais les lots à livrer sont entreposés pour expédition groupée selon les zones géographiques de livraison : l'entreprise attend de disposer d'un volume suffisant à destination d'une même zone pour justifier le départ d'un camion plein.

Question 1. Quels sont les inducteurs d'activité de ces quatre activités ?

Le contrôleur de gestion recherche une unité d'œuvre significative pour imputer les coûts de l'activité usinage aux différentes commandes. Il songe à retenir le nombre de séries traitées et en profiter pour simplifier le système de saisie comptable en réunissant pour les traiter en bloc les coûts des activités réglage et usinage.

Question 2. Cette idée est-elle acceptable ? Pourquoi ?

Question 3. Serait-il acceptable de choisir non plus le nombre de séries mais le nombre d'heures de machine pour unité d'œuvre, toujours en traitant en bloc les coûts de réglage et d'usinage ? À quelles conditions ?

Question 4. Le nombre d'heures de machines est-il un inducteur d'activité ?

Considérons à présent l'activité de transport. Elle consomme les coûts suivants :

- salaire des chauffeurs, payés au mois,
- amortissement des camions achetés,
- assurance,
- carburant,
- entretien kilométrique,
- loyer des locaux du garage,
- taxes sur les véhicules.

Question 5. Indiquez, pour chacun de ces coûts sauf l'entretien, quel est son degré de variabilité.

Corrigé

Question 1

Planning et ordonnancement : la commande (= la série ici)
Réglage : la série
Usinage : la série
Conditionnement-expédition : l'expédition (= encore la série ici)

On note que, pour le transport, l'inducteur d'activité est le départ (= plusieurs séries).

Question 2

Non, cette idée n'est pas bonne, car l'unité d'œuvre de l'activité usinage n'est pas la série mais le nombre d'heures de machine (ou de MO, ou éventuellement le nombre de pièces à fabriquer).

Question 3

Oui, ce serait possible si toutes les séries comportaient le même temps de réglage par unité à produire, donc à la rigueur si toutes les commandes étaient identiques en volume (en toute rigueur : en temps d'usinage, en supposant stable le temps de réglage, comme indiqué dans le texte).

Question 4

Non, ce n'est pas un inducteur mais seulement une unité d'œuvre (ce n'est pas un événement qui déclenche, une cause).

Question 5

	Variable volumique	**Variable indivis**	**Capacité**
Salaires			Coût de capacité
Amortissement			Coût de capacité
Assurance			Coût de capacité
Carburant		Variable avec le nombre de départs	
Loyers			Coût de capacité
Taxes			Coût de capacité

Société Macher

Thèmes : unités d'œuvre, imputation rationnelle, facturation d'une commande.

La société Macher est une PME qui effectue des travaux mécaniques sur commande pour le compte de clients industriels. On simplifiera le processus technique en le ramenant aux étapes suivantes :

Processus technique	**Entité en charge**
1. La *préparation* (planning, ordonnancement) de la commande	Bureau technique
2. *L'achat* et *l'approvisionnement* lorsque les matières ne sont pas fournies par le client	Service administratif
3. Le *réglage* des machines et le test de conformité sur une pièce d'essai	Atelier A
4. L'usinage	Atelier A
5. La *finition*	Atelier B
6. Le *traitement thermique*, demandé pour certaines commandes	Atelier C
7. L'emballage et l'expédition	Service expédition
8. Le *transport,* réglé directement par le client au transporteur	Extérieur
9. La *facturation*, effectuée par le service comptable, qui par ailleurs assure d'autres activités non spécifiques aux produits et dont le coût ne leur est pas imputable (tenue des comptes, déclarations fiscales diverses, etc.)	Comptabilité
10. Les *relations avec les clients*, affaire du dirigeant et de son entourage	Service administratif

Les comptables de Macher calculent les coûts des commandes en considérant que les entités de l'entreprise sont des « centres d'analyse » (ou des « sections ») dotés des unités d'œuvre (uo) suivantes (tableau 1) :

Tableau 1. *Unités d'œuvre employées par les comptables de Macher*

Entités	Unité d'œuvre (uo)
Bureau technique	Le chiffre d'affaires rapporté par chaque commande
Service administratif	Frais non imputés, pas d'uo
Atelier A (usinage)	L'heure de machine
Atelier B (finition)	L'heure de main-d'œuvre directe*
Atelier C (traitement thermique)	Le nombre de pièces traitées
Service expédition	Le nombre de commandes traitées dans le mois
Comptabilité	Non imputé, pas d'uo

* On admettra pour simplifier que le coût de la main-d'œuvre directe constitue un coût variable proportionnel au nombre d'heures de main-d'œuvre.

À titre d'exemple, le service comptable vous donne (ci-après en tableaux 2 et 3) le calcul prévisionnel du mois de mai 2010, au cours duquel il est prévu de traiter deux commandes (L et S).

Le directeur financier estime que le calcul des comptables est faux parce que l'entreprise est actuellement en fonctionnement réduit et que cela pèse arbitrairement sur les montants imputés à chaque commande. De plus, il estime que l'on se leurre sur la profitabilité des commandes en ne regardant que les calculs ainsi effectués. Il vous donne les indications suivantes (tableau 4).

Des données analogues ne sont pas disponibles pour les autres entités ou activités.

Question 1. Connaissez-vous une méthode qui répondrait aux attentes du directeur financier ? Appliquez-la au compte prévisionnel de la commande L en vous limitant à son impact sur les coûts des trois ateliers et commentez les résultats.

Un nouveau client, la société Z, demande un devis pour une commande qui viendrait, si elle était obtenue par Macher, s'ajouter à celles déjà prévues pour mai. Voici les données techniques prévisionnelles qui sont estimées par Macher (tableau 5).

Question 2. Selon quel principe peut-on calculer le prix de vente minimum que Macher pourrait proposer afin que l'obtention de cette commande augmente son résultat de mai ? Présentez le calcul. On imputera les frais du Bureau

Tableau 2. *Coûts prévisionnels indirects*

	Bureau technique	Service administratif	Atelier A (usinage)	Atelier B (finition)	Atelier C (traitement thermique)	Service expédition	Comptabilité	Total
Coûts de capacité								
Salaires	38 000	72 000	323 400	187 000	12 000	34 000	17 760	684 160
Amortissements	9 500	3 200	66 000	12 900	3 000	6 500	4 550	105 650
Frais divers	3 200	550	22 000	12 300	3 400	2 100	1 670	45 220
Total	50 700	75 750	411 400	212 200	18 400	42 600	23 980	835 030
Coûts variables proportionnels								
Fournitures, etc.	4 500	7 600	98 000	23 000	123 000	12 300	6 500	274 900
Autres	0	0	32 400	2 400	6 500	0	0	41 300
Total	4 500	7 600	130 400	25 400	129 500	12 300	6 500	316 200
Total général	55 200	83 350	541 800	237 600	147 900	54 900	30 480	1 151 230
UO	Le millier d'euros de CA	Sans	Heure machine	Heure MOD	Nb de pièces	Nb de commandes	Sans	
Nb d'uo	1 790		2 340	7 900	12 400	2		
Coût par uo	30,84		231,54	30,08	11,93	27 450,00		

Tableau 3. *Coûts prévisionnels des commandes*

	Répartition des uo			Répartition des coûts		
	Commande L	**Commande S**	**Total**	**Commande L**	**Commande S**	**Total**
Matières	Fournie par le client	Fournie par nous		0,00	98 700,00	98 700,00
Main-d'œuvre directe (finition)	3 400 heures	4 500 heures	7 900,00	333 200,00	441 000,00	774 200,00
Bureau technique	780	1 010	1 790 000,00	24 053,63	31 146,37	55 200,00
Atelier A	860 heures	1 480 heures	2 340,00	199 123,08	342 676,92	541 800,00
Atelier B	3 400 heures	4 500 heures	7 900,00	102 258,23	135 341,77	237 600,00
Atelier C	7 600 pièces	4 800 pièces	12 400,00	90 648,39	57 251,61	147 900,00
Expédition	1 commande	1 commande	2,00	27 450,00	27 450,00	54 900,00
Total				776 733,32	1 133 566,68	1 910 300,00
Chiffre d'affaires				780 000,00	1 010 000,00	1 790 000,00
Marges				3 266,68	– 123 566,68	– 120 300,00
Frais non imputés						113 830,00
Résultat						– 234 130,00

Tableau 4. *Charges prévisionnelles et charges possibles de travail des ateliers*

	Charge prévisionnelle	**Charge possible**	**Taux d'activité**
Atelier A (heures de machines d'usinage)	2 340	3 250	72,00 %
Atelier B (heures de MOD)	7 900	9 875	80,00 %
Atelier C (nombre de pièces)	12 400	16 000	77,50 %

Tableau 5. *Données sur la commande Z*

Matières	**Fournies par le client**
Nombre de séries	1
Nombre de pièces	2 800
Temps machine en atelier A	760
Heures de main-d'œuvre en atelier B	1 250

technique en utilisant le nombre de séries (13 prévues pour L et S avant la commande Z) comme unité d'œuvre.

Question 3. On suppose maintenant que cette commande pourrait être récurrente, voire porter sur des quantités plus importantes dans l'avenir. Cela vous conduit-il à changer de principe de calcul du devis minimum ? Présentez le calcul sur les données ci-dessus, avec le même principe d'imputation que dans la question précédente pour le Bureau technique.

En visitant l'entreprise, vous faites les constatations suivantes.

Le *réglage et le test de conformité,* qui représentent 10 % de chacune des composantes fixes et variables du coût total de l'atelier A, demandent souvent plusieurs heures de travail, et ils sont nécessaires à chaque lancement d'une nouvelle commande. Le temps de réglage nécessaire est indépendant du nombre de pièces que comprend la série. Il en est de même de la *préparation* de la commande.

L'usinage demande un travail qui entraîne des coûts qui sont une fonction du nombre d'heures de machine exigées par la commande. Les coûts des tâches de *finition* dépendent, eux, du nombre d'heures de main-d'œuvre engagées pour l'opération de finition. Le coût du *traitement thermique* est dépendant du nombre de fours allumés.

Le travail nécessité par l'établissement d'une *facture* est constant, il ne dépend pas du tout de la quantité facturée. De même, *l'achat* et *l'approvisionnement* déclenchent des tâches relativement stables et indépendantes des quantités et de la nature des fournitures et matières achetées. *L'emballage* et *l'expédition* sont liés au nombre de pièces à conditionner et à expédier. Le *transport* est réglé par le client.

Question 4. À la lumière de ces constats, que pensez-vous de la qualité des principes d'imputation des coûts indirects aux commandes retenus pas les comptables de cette entreprise ? Quel réseau d'analyse des coûts (articulation en activités, unités d'œuvre des activités) proposeriez-vous sans faire de calculs ?

En examinant de plus près les commandes L et S, vous constatez que le client L demande à être livré en juste à temps. On a donc prévu de fractionner sa commande en 12 séries, qui donneront lieu à autant de lancements, de réglage des machines et d'expéditions, alors que la commande S sera fabriquée en une seule série et expédiée en une seule fois.

Question 5. Quelle conséquence chiffrée cela devrait-il avoir sur les coûts à faire supporter à la commande L ?

Corrigé

Question 1

La méthode est l'imputation rationnelle.

Si on reprend le traitement des ateliers en imputation rationnelle et en gardant les unités d'œuvre du service comptable, on obtient :

	Atelier A	Atelier B	Atelier C	Total
Coûts de capacité	411 400	212 200	18 400	642 000
N	3 250	9 875	16 000	
n	2 340	7 900	12 400	
n/N	72,00 %	80,00 %	77,50 %	
Coûts absorbés	296 208	169 760	14 260	480 228
Coût de sous-activité	115 192	42 440	4 140	161 772
Coût par UO	126,58	21,49	1,15	

	Commande L			Commande S			Total ancien	Total nouveau
	Ancien montant	Nouveau montant	Écart	Ancien montant	Nouveau montant	Écart		
Coûts de capacité de A	151 198,29	108 862,77	– 42 335,52	260 201,71	187 345,23	– 72 856,48	411 400,00	296 208,00
Coûts de capacité de B	91 326,58	73 061,27	– 18 265,32	120 873,42	96 698,73	– 24 174,68	212 200,00	169 760,00
Coûts de capacité de C	11 277,42	8 740,00	– 2 537,42	7 122,58	5 520,00	– 1 602,58	18 400,00	14 260,00
Total	253 802,29	190 664,04	– 63 138,26	388 197,71	289 563,96	– 98 633,74	642 000,00	480 228,00
								– 161 772,00

Le compte de résultat pourrait alors être présenté de la manière suivante :

	L	S	Total
Ancien coût des commandes	776 733,32	1 133 566,68	1 910 300,00
Correction	– 63 138,26	– 98 633,74	– 161 772,00
Coût en IR	713 595,07	1 034 932,93	1 748 528,00
CA	780 000,00	1 010 000,00	1 790 000,00
Marges	66 404,93	– 24 932,93	41 472,00
Frais non imputés			113 830,00
Marge			– 72 358,00
Coût de sous-activité			161 772,00
Résultat			– 234 130,00

On voit que la sous-activité éliminée, la marge reste négative. Les tarifs ne sont donc pas suffisants pour couvrir les charges de capacité.

Question 2

Le plancher est donné par le direct costing.

	Coûts variables unitaires	Montant imputé
Bureau	346,15	346,15
A	55,73	42 352,14
B	3,22	4 018,99
C	10,44	29 241,94
Expédition	6 150,00	6 150,00
Total		82 109,21

Question 3

Il faut alors se référer à l'imputation rationnelle.

Ici :

	Coûts variables unitaires	Montant imputé	Coûts absorbés
Bureau	346,15	346,15	?
A	55,73	42 352,14	96 204,31
B	3,22	4 018,99	26 860,76
C	10,44	29 241,94	3 220,00
Expédition	6 150,00	6 150,00	?
Total		82 109,21	126 285,07
Total général			208 394,28

Question 4

Le principe d'homogénéité des coûts n'est pas respecté. Les principes suivants sont à recommander :

Bureau technique	L'UO devrait être la série lancée
Service administratif : achat-appro.	L'UO est la commande d'achat
Atelier A : distinguer le réglage et le test qualité :	UO : la série
de l'usinage	UO : l'heure machine
Atelier C	UO : le four allumé
Emballage-expédition	UO : le nombre de pièces
Comptabilité : facturation	UO : la facture

Question 5

La commande L devrait recevoir

		Ancien calcul	Écart
12/13 du coût de préparation des commandes, soit	50 953,85	24 053,63	26 900,21
12/13 du coût de réglage et de test, soit	50 012,31	19 912,31	30 100,00
12/13 du coût de facturation, inconnu			
Total	100 966,15	43 965,94	57 000,21

La commande L reçoit au moins 57 000 € de plus (que S ne reçoit plus). Les deux commandes sont alors déficitaires.

SOCIÉTÉ CYCLOPÈDE

Thèmes : coût d'une commande, facturation d'une commande.

La société **Cyclopède** est en contact avec la division Éclairage du Groupe d'Électricité générale (GEC) pour négocier l'approvisionnement à hauteur de 30 000 pièces par an d'une dynamo pour bicyclette que Cyclopède compte monter sur son nouveau modèle. La division Éclairage fabrique et vend habituellement cette dynamo par 1 000 au prix unitaire de 215 € Cyclopède propose le prix de 160 €, sous condition de livraison quotidienne en juste à temps, en principe par 300 unités par jour travaillé pendant une certaine période de 100 jours en hiver. La division Éclairage de GEC connaît, pour la pièce en question, les coûts suivants :

Activités	**Unité d'œuvre**	**Consommation**	**Coût unitaire par dynamo (pièce)**	**Détail du coût unitaire de la dynamo**		
				Coûts de capacité	**Coûts variables volumiques**	**Coûts variables indivis**
Lancement	Le lancement	Salaires	*30*	30		
Réglage	Le réglage	Salaires	*25*	25		
Usinage	L'heure de main-d'œuvre	Salaires	10	10		
		Matières	28		28	
		Énergie	22		22	
		Amortissements	15	15	0	
		Total usinage	*75*	25	50	0
Montage	La pièce	Salaires	16	16		
		Amortissements	5	5		
		Fournitures	9		9	
		Total montage	*30*	21	9	0
Expédition	L'expédition	Salaires	3	3		
		Fournitures	8		8	
		Frais de transport	5			5
		Total expédition	*16*	3	8	5
		Coût total	**176**	**104**	**67**	**5**

Les coûts variables volumiques sont, par définition, proportionnels au volume d'activité, exprimé ici en nombre de pièces. Les coûts de capacité sont « fixes », car ils sont engagés en raison de l'existence des effectifs et des matériels. Les coûts variables payés au transporteur sont « indivis » parce qu'ils sont proportionnels au nombre d'expéditions et indépendants du volume expédié. Leurs détails sont les suivants (base annuelle) :

Nature du coût et de l'activité	Montant unitaire par dynamo	Coût annuel total	Capacité normale (en unités d'œuvre)	Nature de la capacité (en unités d'œuvre)	Niveau actuel d'utilisation des capacités (en unités d'œuvre)
Salaires, lancement	30	2 400 000	150	Nombre de lancements possibles avec les moyens disponibles	80
Salaires, réglage	25	2 000 000	150	Nombre de lancements possibles avec les moyens disponibles	80
Salaires, usinage	10	8 500 000	120 000	Temps de fonctionnement (heures main-d'œuvre) possible	85 000
Amortissements, usinage	15	12 750 000	120 000	Temps de fonctionnement (heures main-d'œuvre) possible	85 000
Salaires, montage	16	2 560 000	160 000	Nombre de pièces pouvant être montées par an	160 000
Amortissements, montage	5	800 000	160 000	Nombre de pièces pouvant être montées par an	160 000
Salaires, expéditions	3	240 000	150	Nombre d'expéditions possibles	80
Total	104	29 250 000			
Frais de transport	5	400 000	1 000	Pièces transportables en une expédition	1 000
Total général	109	29 650 000			

Détail des calculs de coûts unitaires					
	Montant annuel	**Nb d'unités d'œuvre***	**Coût unitaire**	**Nb de pièces par unité d'œuvre**	**Coût par pièce**
Salaires, lancement	2 400 000	80	30 000	1 000	30
Salaires, réglage	2 000 000	80	25 000	1 000	25
Salaires, usinage	8 500 000	85 000	100	10	10
Amortissements, usinage	12 750 000	85 000	150	10	15
Salaires, montage	2 560 000	160 000	16	1	16
Amortissements, montage	800 000	160 000	5	1	5
Salaires, expéditions	240 000	80	3 000	1 000	3
Total	29 250 000				104
Frais de transport	400 000	80	5 000	1 000	5
Total	29 650 000				109

* Nombre de lancements, d'heures de main-d'œuvre, de pièces assemblées, d'expédition (selon les cas)

On usine 10 pièces par heure de travail.

Question 1. Pourquoi le coût unitaire de 176 € ne suffit-il pas pour décider ?

Question 2. Quel est le coût variable de cette commande ?

Question 3. Si les capacités installées ne peuvent pas être agrandies et si l'on suppose que leur niveau d'emploi actuel est stable dans l'avenir avant acceptation éventuelle de la commande de Cyclopède, combien d'unités au tarif normal la commande Cyclopède conduit-elle à supprimer ? Quel est son coût d'opportunité ?

Question 4. À quel prix minimum faut-il livrer Cyclopède ? Votre réponse serait-elle la même si la division éclairage fonctionnait à très bas niveau d'activité ?

Question 5. Si la société Cyclopède renonçait au juste à temps sur la base en moyenne d'une livraison de 300 unités par jour et acceptait des lots de 1 000 unités, quel impact cela aurait-il sur les coûts de la division éclairage ?

Corrigé

Question 1

Le coût complet change si l'on accepte la commande de Cyclopède. L'information n'est donc pas une référence fiable.

Question 2

Activités	**Coûts variables volumiques**	**Montant unitaire**	**Montant total**	**Coûts variables indivis**	**Montant unitaire**	**Montant total**
Lancement	aucun					
Réglage	aucun					
Usinage	matières	28	840 000			
	énergie	22	660 000			
Montage	fournitures	9	270 000			
Expédition	fournitures	8	240 000			
				frais de transport	5 000	500 000
Total	2 510 000		2 010 000			500 000
Par unité	83,66666667					

Question 3

Les capacités disponibles sont les suivantes :

Activité	**Capacité**	**Utilisation**	**Capacité dispo-nible**	**Unités**	**Demande de Cyclopède sur la base de séries produites de 300**	
Lancement	150	80	70	lancements	100	
Réglage	150	80	70	réglage	100	
Usinage	120 000	85 000	35 000	heure MO	3 000	
Montage	160 000	160 000	0	nb de pièces	30 000	
Expédition	150	80	70	expédition	100	

Insuffisance de capacité sur la base de séries de 300					
Lancement	30	lancements soit à supprimer		30 000	pièces en séries de 1 000
Réglage	30	réglages soit à supprimer		30 000	
Usinage	0				
Montage	30 000	pièces			
Expédition	30	expéditions soit à supprimer		30 000	

On voit qu'il manque une capacité de 30 lancements et réglages, de 30 000 pièces au montage, de 30 expéditions. Cela conduit à remplacer 30 séries de 1 000 pièces par les 100 séries de 300 pièces de Cyclopède.

Question 4

Le coût d'opportunité est la recette perdue sur 30 000 unités, soit 6 450 000 €, ou 215 € par unité. C'est lui qu'il faut facturer. Le fait de remplacer 30 séries de 1 000 par 100 séries de 300 ne modifie pas les coûts variables. Il n'y a donc pas lieu de « retoucher » le coût d'opportunité.

Si la division était en sous-activité, on pourrait descendre en théorie jusqu'au coût variable, encore qu'il s'agisse d'une commande importante et peut-être récurrente. Il est de 83,60 €, le prix proposé de 160 € est acceptable.

Question 5

Cela pourrait réduire le coût d'opportunité car la capacité à dégager serait moindre en lancement, réglage et expédition, mais on reste contraint par le montage : rien ne change.

Activité	**Capacité**	**Utilisation**	**Capacité disponible**	**Unités**	**Demande de Cyclopède en séries de 1 000**	**Manque**
Lancement	150	80	70	le lancement	30	0
Réglage	150	80	70	le réglage	30	0
Usinage	120 000	85 000	35 000	l'heure	3 000	0
Montage	160 000	160 000	0	la pièce	30 000	30 000
Expédition	150	80	70	l'expédition	30	0

SOCIÉTÉ BOOD

Thème : coût complet, imputation rationnelle, inducteurs, unités d'œuvre, ABC.

L'entreprise Bood fabrique deux produits A et B qui exigent cinq activités :

1) un traitement thermique, effectué dans l'atelier A,

2) le réglage d'une machine d'usinage,

3) une opération d'usinage (ces deux dernières activités 2 et 3 sont effectuées dans l'atelier B),

4) une expédition, effectuée par le service expédition,

5) une facturation, effectuée par le service comptable, qui par ailleurs assure d'autres activités non spécifiques aux produits et dont le coût ne leur est pas imputable (tenue des comptes, déclarations fiscales diverses, etc.).

Les données techniques sont les suivantes :

Liste des activités consommées par les produits A et B :	**Unité d'œuvre (UO) de l'activité**	**UO consommées par unité de chacun des produits :**	
		Produit A	**Produit B**
Traitement thermique	Nb de produits traités	1	1
Réglage du matériel d'usinage	La série lancée	selon le cas	selon le cas
Usinage	L'heure de machine	2	0,5
Expédition	Le poids traité (kg)	12	3
Facturation	La facture	selon le cas	selon le cas

Le *réglage* demande plusieurs heures de travail, mais il est fait à chaque lancement d'une nouvelle série de A ou de B, et le temps de réglage nécessaire est indépendant du nombre de produits que comprend la série et qui seront traités par la machine une fois réglée ; de sorte que l'unité d'œuvre retenue n'a pas été le temps de réglage, mais la série lancée.

La *facturation* soulève un problème identique : le travail nécessité par l'établissement d'une facture dépend de la variété des articles facturés, mais pas du tout de la quantité facturée d'un même produit. Ainsi on considère qu'une facture portant sur la commande de 100 unités de A demande le même travail qu'une facture pour la commande de 2 unités de A ou pour celle de 3 000 unités de B, mais qu'en revanche une facture de 10 unités de A *et* 5 unités de B demande deux fois plus de travail qu'une facture d'une quantité quelconque de A *uniquement* ou de B *uniquement*. C'est pourquoi la facture est l'unité d'œuvre retenue.

Les données numériques relatives au mois d'avril, où 5 000 A et 10 000 B ont été fabriqués, sont les suivantes :

	Coût total en avril (€)	**Nombre d'unités d'œuvre**	
		Produit A	**Produit B**
Traitement thermique	300 000	5 000	10 000
Réglage du matériel d'usinage	60 000	20	40
Usinage	375 000	10 000	5 000
Expédition	27 000	60 000	30 000
Facturation	5 000	300	700

Tous les autres coûts de cette entreprise seront supposés nuls dans ce qui suit.

Toute la production d'avril est vendue, il n'y a aucun stock en début de mois. Le prix unitaire de A est de 75 € et celui de B de 40 €.

Question 1. Calculez le coût complet total et unitaire du produit A et du produit B, ainsi que les résultats par produit et le résultat d'avril. On ne tient pas compte dans cette question et dans les suivantes des coûts autres que ceux mentionnés dans les tableaux précédents.

Question 2. Présentez le compte de résultat du mois d'avril en imputation rationnelle, sachant les données supplémentaires suivantes.

On ne dispose pas des moyens de définir un niveau normal de l'activité réglage, son coût sera donc traité comme en 1).

	Coûts totaux des activités en avril (€)			**Niveau normal de l'activité (N)***
	Coûts fixes	**Coûts variables**	**Total**	
Traitement thermique	250 000	50 000	300 000	25 000 unités
Réglage du matériel d'usinage	60 000	0	60 000	non défini
Usinage	300 000	75 000	375 000	20 000 heures de machine
Expédition	9 000	18 000	27 000	120 000 kg
Facturation	5 000	0	5 000	1 000 factures

* ou capacité disponible pour cette activité.

Question 3. Est-il possible d'obtenir un coût par produit fiable en regroupant l'ensemble des coûts mensuels des cinq activités et en les imputant aux produits au prorata des temps de machine demandés par chaque produit au cours du mois ? Pourquoi ?

On suppose que l'entreprise décide de ne mettre en fabrication que des séries de 500 unités de produits, aussi bien pour A que pour B.

Question 4. Est-il alors possible et correct de calculer les coûts de revient de chaque produit en regroupant les coûts de l'activité de réglage et de l'activité d'usinage pour les traiter en bloc et les imputer à chaque produit au prorata des heures de machines consommées par chacun (c'est-à-dire de considérer l'atelier B comme une section homogène dont l'unité d'œuvre serait l'heure de machine) ?

On suppose maintenant, au contraire, que l'entreprise adopte une autre politique et lance, au cours d'un mois, quatre fois plus de lots de produits B que de lots du produit A.

Question 5. Est-il alors possible et correct de calculer les coûts de revient de chaque produit en regroupant les coûts de l'activité de réglage et de l'activité d'usinage pour les traiter en bloc et les imputer à chaque produit au prorata des heures de machines consommées par chacun (c'est-à-dire de considérer l'atelier B comme une section homogène dont l'unité d'œuvre serait l'heure de machine) ?

Corrigé

Question 1

En coût complet on a :

	Coût de l'uo en avril	**Coûts imputés aux produits**	
		Produit A	**Produit B**
Traitement thermique	20,00	100 000	200 000
Réglage du matériel d'usinage	1 000,00	20 000	40 000
Usinage	25,00	250 000	125 000
Expédition	0,30	18 000	9 000
Facturation	5,00	1 500	3 500
		389 500	377 500
	Unitaire	77,9	37,75
	Chiffre d'affaires	375 000,00	400 000,00
	Résultat par produit	– 14 500,00	22 500,00
	Résultat		8 000,00

Question 2

En imputation rationnelle on obtient :

	Coûts de capacité par uo en activité normale F/N	Coûts variables unitaires V/n	Coûts de capacité absorbés (ou imputés)	Coût de sous-activité
Traitement thermique	10,00	3,33	150 000	100 000
Réglage du matériel d'usinage	1 000,00	0,00	60 000	0
Usinage	15,00	5,00	225 000	75 000
Expédition	0,08	0,20	6 750	2 250
Facturation	5,00	0,00	5 000	0
				177 250

	Produit A		Produit B		Total	
	Fixe	Variable	Fixe	Variable	Fixe	Variable
Traitement thermique	50 000,00	16 666,67	100 000,00	33 333,33	150 000,00	50 000,00
Réglage du matériel d'usinage	20 000,00	0,00	40 000,00	0,00	60 000,00	0,00
Usinage	150 000,00	50 000,00	75 000,00	25 000,00	225 000,00	75 000,00
Expédition	4 500,00	12 000,00	2 250,00	6 000,00	6 750,00	18 000,00
Facturation	1 500,00	0,00	3 500,00	0,00	5 000,00	0,00
	226 000,00	78 666,67	220 750,00	64 333,33	446 750,00	143 000,00

D'où le compte de résultat selon l'imputation rationnelle :

	A	B	Total
Ventes	375 000,00	400 000,00	775 000,00
Coût variable	78 666,67	64 333,33	143 000,00
Marge sur coût variable	296 333,33	335 666,67	632 000,00
Coûts fixes imputés	226 000,00	220 750,00	446 750,00
Marge	70 333,33	114 916,67	185 250,00
Coût de sous-activité			177 250,00
Résultat			8 000,00

Question 3

Non, puisque les consommations d'unités d'œuvre par les deux produits ne sont pas systématiquement proportionnelles, dans toutes les activités, au temps de machine demandé en usinage, où 1 A vaut 4 B : ce n'est vrai qu'en expédition. On pourrait donc regrouper les coûts d'usinage et d'expédition (ce qui n'a sans doute pas d'intérêt), mais pas plus.

Question 4

Non, puisque la proportion entre le temps de réglage et le temps d'usinage ne serait pas stable et indépendante du produit traité. Pour A on aurait 1 réglage de X heures pour 500 fois 2 heures, soit 1 000 h, alors que pour B on aurait 1 réglage de X heures pour 500 fois 0,5 heure, soit 250 heures.

Question 5

Alors on aurait, quel que soit le produit, une proportion stable entre-temps de réglage et temps d'usinage. On pourrait donc regrouper les deux activités et traiter en bloc leurs coûts avec une unité d'œuvre comme l'heure de machine. Mais ce calcul deviendrait inexact si la politique de lancement changeait.

Société BK

(suite du cas BK de l'introduction. Cette partie est librement inspirée d'un cas de R.S. Kaplan)

Thèmes : stratégie, chaîne de valeur.

La société BK fabrique des stylos à bille. Elle s'est traditionnellement spécialisée dans une gamme simple à deux couleurs (bleu et noir) qui lui permettait de fabriquer de très gros volumes. Elle obtenait ainsi sur chacun de ses deux modèles un résultat sur coût complet (hors frais financiers) d'environ 21 % du chiffre d'affaires, pour un investissement moyen en actifs qui représentait en permanence 3 fois les ventes.

Question 1. Comment pourrait-on qualifier la stratégie suivie jusque-là par BK ?

Le nouveau directeur du marketing pense que « le public des jeunes est attiré par de nouveaux concepts de stylos rigolos. » Il a convaincu la direction de lancer successivement des stylos à encre rouge fluo sang et des stylos à encre rose fuschia pourpre. Comme pour les deux précédents, le processus est composé des activités suivantes (schéma 1).

Schéma 1

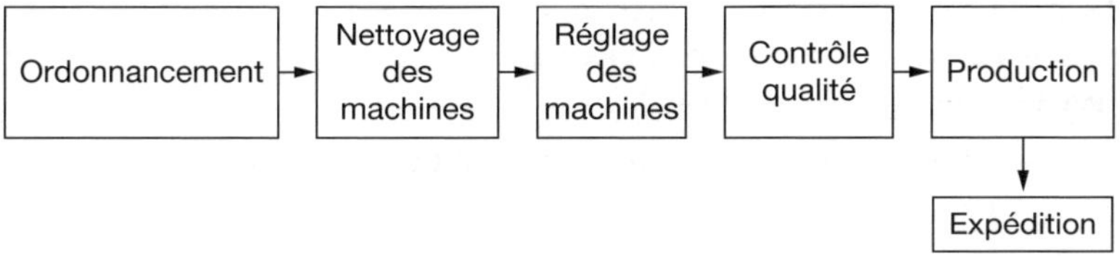

Chaque lancement de série demande un ordonnancement, suivi du nettoyage des machines, de leur réglage et du contrôle qualité sur les premiers éléments fabriqués. Dès qu'une série est terminée, elle est expédiée sans stockage vers les entrepôts des clients. Le temps de machines en production est proportionnel à la longueur de la série (c'est-à-dire au nombre de pièces à fabriquer).

Question 2. Quels sont les inducteurs des différentes activités de ce processus ?

Ce processus est appuyé par les activités de support suivantes :

– le suivi des fournisseurs, les achats et approvisionnements,

– le suivi et la mise à jour des fichiers de gammes et de nomenclatures pour chaque produit et la maintenance administrative de la documentation des produits,

– la gestion du personnel.

Le suivi des fournisseurs, les achats et approvisionnements sont liés au nombre de séries lancées, qui déclenchent toujours à peu près les mêmes tâches élémentaires.

Le suivi des fichiers est un travail identique pour chaque modèle de stylo.

La gestion du personnel est considérée comme une activité liée aux effectifs, mais, pour simplifier, on la traitera comme une charge à répartir au prorata des coûts totaux de la main-d'œuvre directe et indirecte (voir en tableau 2).

La société BK présente les calculs suivants au dernier trimestre (tableau 1) :

Tableau 1

	bleu	noir	rouge	rose	total
Ventes (€)	75 000	60 000	13 950	1 650	150 600
Coûts matières (€)	25 000	20 000	4 680	550	50 230
Main-d'œuvre directe (€)	10 000	8 000	1 800	200	20 000
Frais indirects au taux de 300 %	30 000	24 000	5 400	600	60 000
Résultat d'exploitation (€)	10 000	8 000	2 070	300	20 370
Taux de marge	13,33 %	13,33 %	14,84 %	18,18 %	13,53 %

Question 3. Expliquez pourquoi l'imputation des frais indirects au prorata (300 %) de la main-d'œuvre directe ne peut pas être acceptée et quel type de production elle favorise ou défavorise mécaniquement.

Les charges indirectes sont constituées des éléments suivants (tableau 2) :

Tableau 2

Types de charges	Montant (€)
Main-d'œuvre indirecte	20 000
Primes et coûts de gestion du personnel[a]	16 000
Coûts informatiques	10 000
Amortissement	8 000
Maintenance	4 000
Énergie	2 000
Total	60 000

a. Ce montant comprend le coût de l'activité gestion du personnel comme indiqué ci-dessus. Pour alléger les calculs, les chiffres ont été simplifiés.

• *Primes et coût de gestion du personnel* : ils représentent un montant stable de 40 % des salaires directs et indirects.

• *Main-d'œuvre indirecte* : on ne dispose pas encore d'une analyse précise des coûts de chacune des activités identifiées ci-dessus, mais il apparaît que l'on peut simplifier la liste de ces activités et que celles-ci peuvent être regroupées en fonction de logiques de coûts communes car

– à peu près la moitié des personnels indirects sont impliqués soit dans l'ordonnancement, soit dans d'autres tâches dont les coûts sont liés, eux aussi, aux *nombre de séries* : achats, approvisionnement et préparation des matières nécessaires à une nouvelle série, contrôle de qualité et expédition ;

– environ 40 % de la main-d'œuvre indirecte est mobilisé par les opérations de nettoyage liées au *changement de couleur*. Le temps nécessaire pour passer au NOIR est relativement court (1 heure environ, voir tableau 3) parce que la couleur précédente ne doit pas être totalement éliminée des machines. Les autres couleurs demandent des interventions plus longues : les stylos ROUGE sont ceux qui exigent le travail le plus complet et le plus minutieux (6 heures, voir tableau 3) ;

– les 10 % de temps restant sont consacrés au suivi administratif des nomenclatures et des gammes.

• L'étude des *coûts informatiques* montre que :

– l'essentiel du temps de calcul (et des dépenses en logiciels et en programmation) sert à la planification des lancements de fabrication en usine et à la commande et au suivi des paiements des matières premières consommées à chaque lancement. Au total, c'est 80 % des ressources informatiques qui est ainsi imputable à des activités dont le coût est lié au *nombre de séries,*

– le reste est consacré à la maintenance administrative des informations nécessaires aux quatre produits.

• *Les trois autres catégories de charges indirectes* (amortissement, maintenance, énergie) sont liées à la nécessité de disposer en production d'une capacité en heures de machines pour produire. La capacité des machines est de 10 000 heures productives.

Tableau 3

	bleu	noir	rouge	rose	total
Quantité produite et vendue (unités)	50 000	40 000	9 000	1 000	100 000
Prix de vente unitaire (€)	1,50	1,50	1,55	1,65	
Coûts matières par unité (€)	0,50	0,50	0,52	0,55	
Heure de MOD par unité	0,02	0,02	0,02	0,02	2 000
Heures de machine par unité	0,1	0,1	0,1	0,1	10 000
Nombre de séries lancées	50	50	38	12	150
Heures de préparation d'une série	4	1	6	4	
Heures totales de préparation	200	50	228	48	526
Nombre de produits	1	1	1	1	4

Question 4. Compte tenu de ces informations, quelles sont les unités d'œuvre qui vous paraissent convenir à chaque activité ? Indiquez ce que ce choix suppose comme condition technique du fonctionnement de l'activité.

Question 5. Calculez le coût et la marge de chaque produit selon la méthode qui découle de vos choix précédents d'unités d'œuvre.

Supposons que BK puisse inciter les acheteurs de stylos rouges à se porter vers les stylos roses, la vente des stylos roses pouvant ainsi se substituer à celle des stylos rouges.

Question 6. Montrez, en analysant les composantes des activités qui composent leurs coûts unitaires, que le stylo rose est plus intéressant pour la profitabilité de l'entreprise que le stylo rouge.

Corrigé

Question 1

C'est une stratégie de domination par les coûts.

Question 2

La série est l'inducteur de toutes ces activités.

Question 3

Cette imputation revient à choisir une unité d'œuvre unique : l'euro de main-d'œuvre directe (MOD). Cette unité d'œuvre n'est acceptable que si, quel que soit le produit, les coûts indirects sont constants par euro de MOD. Cette hypothèse est fausse ici comme le montre le rôle de « la série » dans la préparation du processus et dans les activités de support.

Ce calcul favorise donc les petites séries dont le coût est sous-estimé [stylos rouge et rose].

Question 4

– Ordonnancement : la série (si l'ordonnancement se déroule à l'identique quelle que soit la série).

– Nettoyage : l'heure, car le tableau 3 montre que l'activité, qui est déclenchée par le lancement d'une série de couleur nouvelle (inducteur), n'est pas stable (beaucoup plus de temps pour le rouge, par exemple).

– Réglage : la série (travail constant).

– Qualité : idem.

– Production : l'heure de machines (on pourrait aussi choisir l'unité produite).

– Expédition : la série, si le travail ne dépend pas du nombre d'unités.

Pour les activités de support :

– suivi des fournisseurs etc. : la série, si elle déclenche toujours le même travail,

– suivi des fichiers : le produit,

– GRH : au % de la main-d'œuvre.

On peut donc regrouper les activités comme suggéré en fusionnant celles qui ont une unité d'œuvre identique. Il en existe trois ici :

– la série,

– l'heure de nettoyage, pour l'activité de nettoyage liée au changement de couleur,

– le produit.

Question 5

	Montant	Activités liées aux séries	Activités liées aux changements de couleur	Suivi administratif	Production	Total
Main-d'œuvre indirecte	20 000	10 000	8 000	2 000		20 000
Primes et GRH	16 000	4 000	3 200	800		8 000
Informatique	10 000	8 000		2 000		10 000
Amortissements	8 000				8 000	8 000
Maintenance	4 000				4 000	4 000
Énergie	2 000				2 000	2 000
Total	60 000	22 000	11 200	4 800	14 000	52 000
Nombre d'uo		150	526	4	10 000	
Coût par uo		146,67	21,29	1 200,00	1,40	

	Bleu	Noir	Rouge	Rose	Total
Matière	25 000	20 000	4 680	550	50 230
MOD	10 000	8 000	1 800	200	20 000
Primes et GRH	4 000	3 200	720	80	8 000
Autres coûts volumiques	7 000	5 600	1 260	140	14 000
Coûts liés aux séries	7 333	7 333	5 573	1 760	22 000
Coûts liés au changement de couleur	4 259	1 065	4 855	1 022	11 200
Coûts administratifs	1 200	1 200	1 200	1 200	4 800
Total	58 792	46 398	20 088	4 952	130 230
Ventes	75 000	60 000	13 950	1 650	150 600
Résultat	16 208	13 602	– 6 138	– 3 302	20 370
Résultat/ventes	21,6 %	22,7 %	– 44,0 %	– 200,1 %	13,5 %

Question 6

Handicap structurel (→ 127,76)

	Bleu	**Noir**	**Rouge**	**Rose**
Coûts unitaires des inducteurs				
Série	146,67	146,67	146,67	146,67
Changement de couleur	85,17	21,29	127,76	85,17
Suivi	1 200,00	1 200,00	1 200,00	1 200,00
Quantité par série	1 000	800	237	83
Coût par unité				
Série	0,147	0,183	0,619	1,760
Changement de couleur	0,085	0,027	0,539	1,022
Suivi	0,024	0,030	0,133	1,200
Total non volumique A	**0,256**	**0,240**	**1,292**	**3,982**
Autres coûts volumiques par unité				
Matière	0,500	0,500	0,520	0,550
MOD	0,200	0,200	0,200	0,200
Primes et GRH	0,080	0,080	0,080	0,080
Autres	0,140	0,140	0,140	0,140
Total volumique B	**0,920**	**0,920**	**0,940**	**0,970**
Coût unitaire A + B	1,176	1,160	2,232	4,952
Prix de vente	1,500	1,500	1,550	1,650
Résultat	0,324	0,340	– 0,682	– 3,302

On voit que le modèle rouge connaît un handicap structurel et que les coûts par unité d'œuvre des modèles rose et bleu sont les mêmes. À la différence près de la matière (répercutée dans le prix de vente), ces deux modèles ont le même coût unitaire potentiel. C'est uniquement la taille des séries qui explique le coût unitaire du rose. En revanche, la série de rouge ne pourra jamais parvenir au même coût unitaire. À volumes identiques, le rose est plus profitable que le rouge.

SOCIÉTÉ ALBERT

Thèmes : points morts, clés de répartition, performance des entités, coût d'un client défaillant.

Le groupe Albert est un négociant en fournitures de bureau. Il est organisé en divisions qui sont aussi des filiales (schéma 1). Chacune est jugée sur son résultat d'exploitation annuel. Les objectifs sont négociés en fin d'année n – 1 pour l'année n.

Schéma 1

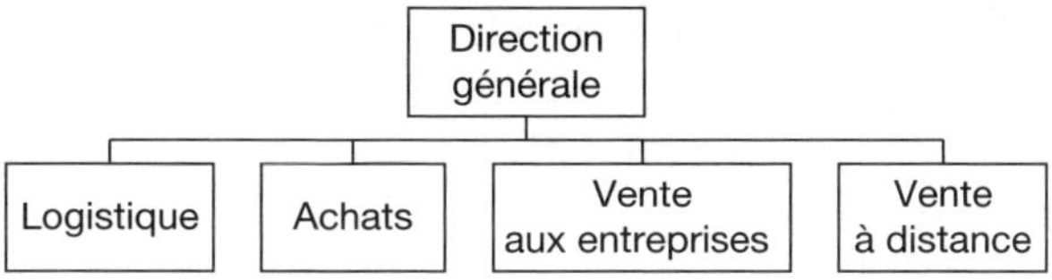

Les budgets sont les suivants :

Chiffres en millions d'euros	**Total**	**Achats**	**Entreprises**	**Logistique**	**Vente à distance**	**Direction générale**
Chiffre d'affaires	710		480		230	
Coût d'achat des ventes	422,2		307,2		115	
Prestations diverses	112	1	27	39	39	6
Charges de personnel	98	8	43	32	13	2
Amortissements	52	1	12	31	7	1
Résultat d'exploitation budgété	25,8	– 10	90,8	– 102	56	– 9

DOSSIER N° 1 : Contrôle de gestion du groupe

Supposons pour le moment que tous les coûts sauf le coût d'achat des ventes soient des coûts de capacité. Quel est le point mort :

Question 1. Si l'on suppose que les ventes aux entreprises et les ventes à distance se font avec un unique taux de marge (celui de la division « Vente aux entreprises ») ?

Question 2. Si l'on suppose que les deux filiales observent les marges prévues à leurs budgets et que le chiffre d'affaires se répartit entre elles selon les proportions budgétées ?

Question 3. Donnez l'équation du point mort d'Albert en supposant que son chiffre d'affaires se répartit entre ses deux divisions selon une proportion quelconque x.

Le directeur général du groupe s'apprête à recevoir une délégation chinoise en visite auprès des entreprises de la région. Il se propose de remettre à chacun des visiteurs (12 personnes) un ensemble de bureau comportant un étui en cuir, un coupe-papier et des stylos plaqués or. Cet ensemble est acheté au fabricant 120 euros l'unité par Albert, il figure dans son catalogue où il est vendu à un prix de 200 euros l'unité. Chaque année, c'est une des meilleures ventes en période de cadeau.

Question 4. Quel est le coût de ce cadeau pour Albert ?

La division « Logistique » intervient dans les processus de transport qui s'établissent entre la division « Achats » et les divisions « Vente aux entreprises » et « Vente à distance », lorsque celles-ci ne sont pas livrées directement par les fournisseurs – auxquels la division « Achats » est seule habilitée à s'adresser pour les commandes. Les livraisons par les fournisseurs, qu'elles soient faites aux « Achats » ou aux autres filiales, comprennent toujours une facturation des frais de transport-logistique que le fournisseur refacture (cela touche 45 % des achats). La « Logistique » intervient aussi pour livrer les clients de la filiale « Vente aux entreprises » (schéma 2). Les fournisseurs proposent de se charger de toute la logistique des approvisionnements, moyennant le principe de refacturation déjà appliqué.

Schéma 2

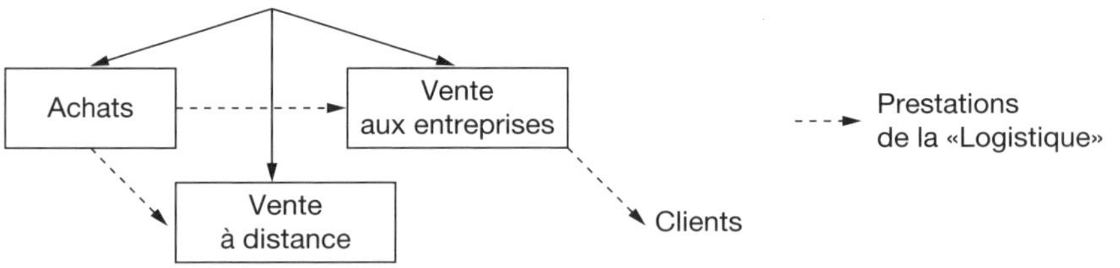

La direction générale se plaint de ne pas avoir une bonne visibilité sur les coûts de transport-logistique du groupe, ni, en général, sur les marges de ses activités.

Question 5. À votre avis, pourquoi ?

On décide d'imputer les coûts de logistique aux divisions pour lesquelles celle-ci travaille. La prestation de la logistique consiste à préparer des colis, à les transporter et à les livrer. L'imputation se fera en fin de chaque mois au prorata du coût des marchandises vendues par chaque division au cours du mois.

Question 6. S'agit-il, à votre avis, d'une bonne unité d'œuvre pour les coûts de transport-logistique ? Pourquoi ?

Question 7. Cela permettra-t-il à la direction générale de connaître les contributions des divisions « ventes aux entreprises » et « vente à distance » au résultat d'exploitation de l'entreprise ? Que faudrait-il faire pour aller dans ce sens ?

DOSSIER n° 2 : La division « Ventes aux entreprises »

Le directeur commercial de la division « Vente aux entreprises » apprend que la société Gagnerien vient de déposer son bilan. Il demande au contrôleur de gestion de lui indiquer quel est l'état du compte de ce client. Il obtient les données suivantes (en millions d'euros) :

Chiffre d'affaires non réglé	1,850
Coût des marchandises vendues	1,295
Marge brute perdue	0,555

C'est un coup dur, car il est peu probable de récupérer cette créance. Malgré cela, il est hors de question de ne pas respecter la prévision de résultat d'exploitation de la division. Le groupe est inflexible là-dessus. Le directeur commercial reste optimiste : « Cette défaillance nous coûte 555 000 euros, c'est beaucoup, mais cela ne représente jamais que 0,3 % de la marge brute budgétée. Les budgets ne seront pas en péril, c'est quasiment négligeable ». Arrive le contrôleur de gestion qui a poursuivi ses analyses car il aime la précision. Il a calculé le coût complet de cette commande en lui appliquant, au-delà de la marge brute, les coefficients prévus au budget de la division entre le chiffre d'affaires et les diverses rubriques de coûts (prestations, personnel, amortissement). Il apporte les données suivantes (en euros) :

Chiffre d'affaires non réglé	1 850 000,00
Coût des marchandises vendues	1 295 000,00
Marge brute perdue	**555 000,00**
Prestations diverses imputées à la commande	104 062,50
Charges de personnel imputées à la commande	165 729,17
Amortissements imputés à la commande	46 250,00
Résultat d'exploitation pour la commande	**238 958,33**

Il explique que la situation est moins grave que ce qu'il avait cru initialement : « Cest un manque à gagner de 238 958 euros qu'il faut rattraper, et pas un montant de 555 000 euros. Soit 0,26 % du résultat. On ne s'en apercevra même pas ! N'en parlons plus ! »

Question 8. Que perd réellement cette division ? Êtes-vous d'accord avec l'un ou l'autre de ces raisonnements (la division doit rattraper une marge de 555 000 euros, ou un résultat de 238 958 euros) ? Sinon, quel est, selon vous, l'impact réel sur le résultat d'exploitation de la division ?

Question 9. Indiquez quel chiffre d'affaires il faudra réaliser avec les autres clients, en supposant que le taux de marge brute prévu au budget de la division soit respecté avec eux, pour compenser cette défaillance et maintenir le résultat d'exploitation initialement prévu.

Corrigé

Question 1

Ventes entreprises	480,0	100,0 %
Coût d'achat des ventes	307,2	64,0 %
Marge sur coûts variables	172,8	36,0 %
Coûts de capacité	262,0	
Point mort (CA)	727,78	

Questions 2 et 3.

	Entreprises	**Vente à distance**
Ventes totales	480,00	230
Coût d'achat des ventes	307,20	115
Marge sur coûts variables	172,80	115
Pourcentages	36,00 %	50,00 %
CA	X	Y
Point mort	**0,36.X + 0,50.Y = 262**	
	X si Y = 0	Y si X = 0
	727,78	524

Question 4

Le coût du cadeau est son coût d'opportunité, soit 200 € par unité, 2 400 € au total.

Question 5

Les coûts de logistique n'apparaissent pas de manière homogène.

Question 6

Ce serait une bonne clé de répartition si les coûts de la logistique étaient explicables par les montants vendus par chaque division, ce qui est peu probable.

Question 7

Il faudrait une imputation adaptée selon chaque activité de la logistique, et au coût d'opportunité de chacune de ces prestations.

Questions 8 et 9

Il faut retrouver un résultat de 1 850 000,00 avec un taux moyen de marge de 36,00 %. Soit un CA de 5 138 888,89.

Vérification			
Avant la défaillance du client			
Coût	1 295 000,00	CA	1 850 000,00
Marge	555 000,00		
Après la défaillance du client			
Coût	1 295 000,00	CA	0,00
La marge est passée à :	– 1 295 000,00		
Il faut donc retrouver une marge de	555 000,00		
en compensant une marge de	– 1 295 000,00		
soit au total	1 850 000,00		

C'est bien 1 850 000 € de marge qu'il faut retrouver. Le raisonnement du contrôleur de gestion est erroné.

SOCIÉTÉ RAMPE

Thèmes : clés de répartition, unités d'œuvre.

La société Rampe est spécialisée dans la fabrication de trois produits C1, C2 et C3. Vous venez d'être recruté comme nouveau contrôleur de gestion. Le directeur général, préoccupé par une éventuelle refonte des tarifs des produits en fonction des évolutions du marché, subodore que les calculs du service comptable sont faux mais il compte sur vous pour le lui prouver. Le processus de fabrication des trois articles peut être sommairement analysé comme suit, selon trois types d'activités. Chacune étant réalisée dans un seul atelier, il y a donc identité entre les activités et la structure de l'entreprise et chaque atelier peut être considéré comme une entité homogène.

1) *Traitement thermique*, activité dont la consommation de ressources est liée au poids de la matière traitée ; il est effectué dans l'atelier A. Ces fours sont pratiquement toujours allumés, quelles que soient les variations du niveau de l'activité.

2) *Usinage*, activité réalisée dans l'atelier B par des ouvriers « directs » ; dans cet atelier de main-d'œuvre, les temps demandés par chaque produit sont présentés en tableau 1.

3) *Montage, contrôle et conditionnement* : cette séquence stable d'opérations est effectuée dans l'atelier C, qui dispose d'un effectif d'ouvriers « directs ».

Tableau 1

	C1	C2	C3
Kg	10	1,4	1,2
Temps atelier B (h)	1	2,5	2,25
Temps atelier C (h)	0,8	2,5	0,45

Tableau 2. *Charges directes*

	C1	C2	C3	Total
Quantités fabriquées	4 500	5 600	6 000	
Matière première				
Poids (kg)	45 000	7 840	7 200	60 040
Prix au kg	10	120	175	
Montant en euros	450 000	940 800	1 260 000	2 650 800
Main-d'œuvre directe				

Tableau 2. *Charges directes (suite)*

	C1	C2	C3	Total
Atelier B				
Heures	4 500	14 000	13 500	32 000
Coût en euros	337 500	1 050 000	1 012 500	2 400 000
Atelier C				
Heures	3 600	14 000	2 700	20 300
Coût en euros	234 000	910 000	175 500	1 319 500
Total des coûts directs	1 021 500	2 900 800	2 448 000	6 370 300

Calculs du service comptable :

Actuellement, les charges indirectes de production des trois ateliers sont traitées en bloc et imputées aux trois produits sur la base du coefficient suivant :

$$\frac{\text{charges indirectes de production}}{\text{total des charges directes}}$$

Le service comptable répartit donc les charges indirectes de production au prorata du montant des charges directes de chacun des produits.

Question 1. Comparez, pour chaque produit C1, C2 et C3, le coefficient d'imputation utilisé par les comptables et les coefficients réels, issus de la répartition des activités des ateliers entre C1, C2 et C3.

Question 2. Concluez sur la sous-estimation ou la surestimation actuelle du coût de chacun des produits C1, C2 et C3.

Question 3. Que préconisez-vous ? Vous faites en particulier ressortir dans votre analyse les limites du traitement actuel et vos recommandations en termes de périmètres de coûts homogènes.

Corrigé

Question 1

Les calculs donnent

	C1	C2	C3	Total
Total des coûts directs	1 021 500	2 900 800	2 448 000	6 370 300
Coefficient	16,04 %	45,54 %	38,43 %	100,00 %

Par unité	C1	C2	C3
Kg	10	1,4	1,2
Temps atelier B (h)	1	2,5	2,25
Temps atelier C (h)	0,8	2,5	0,45
Quantités fabriquées	4 500	5 600	6 000

Au total	C1	C2	C3	Total
Kg	45 3000	7 840	7 200	60 040
Heures atelier B	4 500	14 000	13 500	32 000
Heures atelier C	3 600	14 000	2 700	20 300
Coefficients résultant A	75,0 %	13,1 %	12,0 %	100,0 %
Coefficients résultant B	14,1 %	43,8 %	42,2 %	100,0 %
Coefficients résultant C	17,7 %	69,0 %	13,3 %	100,0 %
Rappel des coefficients généraux	16,04 %	45,54 %	38,43 %	100,0 %

Question 2

On voit immédiatement que C1 est sous-estimé en A, mais à peu près correctement traité en B et C. Son coût est donc surestimé.

On voit que C2 est sous-estimé en A mais surestimé en C. On ne peut donc pas conclure a priori.

On voit que C3 est sous-estimé en A et C et légèrement surchargé en B (42 au lieu de 38 %). Il est donc sous-estimé. Au total le coût de C1 est allégé au détriment de C3, il faut les calculs pour conclure sur C2.

Question 3

Il faut imputer atelier par atelier selon les kg, les h, les h.

SOCIÉTÉ VETUSCAR [1]

Thèmes : centres de profit, cessions internes

La société Vetuscar est un concessionnaire automobile, divisé en trois départements :

– centre VN, les voitures neuves, responsable M. Désou,

1. Inspiré d'un cas développé par R.S. Kaplan et A.A. Atkinson, *Advanced Management Accounting*, 3e éd., Prentice Hall, 1998.

– centre VO, les véhicules d'occasion, responsable M. Padsou,
– centre Atelier, également en charge de la vente d'accessoires, responsable M. Oboulo.

Chacun des responsables est invité à considérer son département comme une entreprise indépendante (leur rémunération est fondée sur un pourcentage, fonction de la marge de leur centre de profit).

Un client désire acquérir une voiture neuve, d'un montant de 12 800 €, en la payant en partie avec la revente de son ancien véhicule. Cette voiture neuve avait été achetée au constructeur 8 890 €.

M. Désou désire savoir à combien évaluer le véhicule d'occasion avant de conclure la vente. Il demande donc à M. Padsou d'examiner le véhicule en présence du client. M. Padsou estime que la voiture a besoin d'une remise en état de 700 €, ce qui lui permet ensuite de la revendre à 3 700 € (prix de détail) ou à 3 200 € (prix de grossiste). Le guide Argus de l'automobile donne une fourchette de prix de 2 750 € à 2 950 € pour un tel modèle de véhicule, en bon état. M. Padsou estime que s'il revend le véhicule immédiatement (sans remise en l'état), il peut en tirer 2 200 €.

Après réflexion, M. Désou décide de reprendre l'ancien véhicule pour 4 270 €, si le client accepte d'acheter sa nouvelle voiture au prix catalogue. La vente est conclue.

Après examen, M. Oboulo détecte que le véhicule d'occasion du client nécessiterait en outre 530 € de réparations supplémentaires (remplacement d'un essieu arrière). M. Oboulo signale, après travaux effectués, que les réparations de la voiture d'occasion sont en définitive de 1 376 €, dont 640 € représentent les coûts de remise en état et 736 € les coûts de changement de l'essieu arrière.

Question 1. Quelle est la marge du concessionnaire sur la vente du véhicule neuf ?

On suppose que l'atelier travaille à pleine capacité.

Question 2. Quel est le prix de cession entre le centre véhicules neufs et celui des véhicules d'occasion ?

Question 3. Sur quelle base de coûts peut-on tarifer entre le centre véhicules d'occasion et l'atelier ? Vous explicitez votre réponse sans faire de calculs.

Question 4. Quelles sont les contributions respectives de chacun des trois centres sur cette vente ?

Question 5. Pensez-vous que l'approche par centre de profit soit adéquate ? Pourquoi ?

Corrigé

Question 1

Chiffre d'affaires :	
Vente du véhicule neuf	8 530 (12 800 – 4 270)
Vente du véhicule d'occasion	3 700
Coûts de la transaction :	
Achat constructeur	8 890
Remise en l'état	1 376
Marge nette du concessionnaire :	1 964

Question 2

Le prix de base est celui du grossiste (3 200) et non celui de détail, car la valeur ajoutée nécessaire pour vendre au détail (exemple, un circuit de distribution) n'apparaît que lorsque le véhicule est vendu. Les coûts sont ceux de la remise en l'état.

Prix de vente grossiste	3 200
Coût de remise en état	700
Coût d'opportunité (prix de cession interne)	2 500

Question 3

Il faut allouer une part des coûts de capacité au centre VO dans le calcul du coût d'opportunité car c'est du travail récurrent. Cette part des coûts de capacité correspond au pourcentage d'activité réalisé pour le bénéfice du service véhicules d'occasion. Si par exemple ce pourcentage est de 40 %, on tarifie au coût variable + 40 % des coûts de capacité de la division.

Question 4

Département VN :
Δ CA = 8 530 + 3 200
(chèque client : 12 800 – 4 270) + revente de l'ancien véhicule (3 200)
Δ Coûts = 8 890 + 700
(coût constructeur) + (remise en l'état prévue)
Δ Marge VN = 1 895

Département VO :
Δ CA = 3 700
Δ Coûts = 2 500 + 1 376
(coût du véhicule après remise en état réelle)
Δ Marge VO = – 176

Atelier :

Δ Marge = 0

En effet, si le centre est à pleine capacité, on substitue l'externe et les travaux internes (tarifés à l'externe), donc la commande ne change rien.

Question 5

L'approche par centres de profit suppose une indépendance entre unités (pour que chacun soit libre de ses décisions).

Ce n'est pas le cas ici pour deux raisons principales :

a) la valeur Argus n'est pas une référence permanente au marché pour choisir ;

b) on n'est jamais sûr de la qualité du produit (cf. le problème de l'essieu non détecté). D'où le risque de ne pas connaître la valeur de marché du produit ; la composante risque ne peut donc être écartée. La solution préconisée dans ce cas serait la suivante. On considère que le montant comptabilisé par VN est la revente en l'état tel quel à un grossiste (dans le cas présent, 8 530 + 2 200 – 8 890), sauf si le responsable de VO décide de prendre la voiture et le risque associé et de le racheter à plus de 2 200 $. Dans ce cas-là, le responsable de VO prendrait en charge les éventuels risques supportés...

Chapitre 3

L'organisation et le fonctionnement de la comptabilité de gestion

Les exercices d'application choisis sur ce thème demandent une connaissance des principes de la comptabilité en coûts préétablis. Nous les avons, pour cette raison, placés en chapitre 7.

Chapitre 4

Les enjeux stratégiques de la comptabilité de gestion

Société Loufiat et Cie

Thème : chaîne de valeur.

Nouvel(le) assistant(e) au cabinet d'audit « Loufiat et Cie », vous devez pointer les soldes d'un des dossiers dont vous avez la charge : la société Pear, l'un des spécialistes de la conception de micro-ordinateurs et de logiciels grand public.

Pour fabriquer l'Idop, la société Pear dispose de deux sites de production : l'usine d'Annecy et celle de St Jean de Maurienne.

Pear fabrique dans son usine d'Annecy les boîtiers plastiques et les cartes-mères, qu'elle peut vendre pour partie en l'état ou qu'elle transfère à l'usine de St Jean. L'assemblage des composants et l'assemblage final sont réalisés dans cette dernière. St Jean s'approvisionne en priorité auprès de l'usine d'Annecy plutôt qu'à l'extérieur.

La fabrication du boîtier plastique et des cartes nécessite des matières premières (plastique et autres…) et des coûts de capacité de 180 € par unité et exige des investissements (presses et actifs d'exploitation) de 200 € par unité produite par an.

L'assemblage coûte 25 € par unité et immobilise des capitaux à hauteur de 100 € (machines d'assemblage) par unité assemblée par an.

Les boîtiers et cartes peuvent se vendre au prix de 200 € le bloc (150 € la carte mère et 50 € le boîtier) sur le marché. L'Idop se vend aux distributeurs au prix de 275 €. La société Pear est équipée pour fabriquer 6 000 boîtiers et cartes par mois, mais l'usine de St Jean ne peut en assembler que 5 500 par mois, ce qui correspond à ce qui peut être vendu aux distributeurs.

Question 1. Si Pear veut identifier les rentabilités des divers maillons de sa chaîne de valeur, quel est le prix de cession à fixer entre l'usine d'Annecy et celle de St Jean ?

Question 2. Sur la base de votre précédente réponse, calculez les ROI annuels de chacune des deux usines.

Question 3. Que conseillez-vous à la société PEAR et pourquoi ?

Corrigé

Question 1

Il faut pratiquer une cession au prix du marché de 200 €.

Question 2

	Annecy	**Saint Jean**	**Pear**
Ventes au prix de marché	1 100 000	1 512 500	1 512 500
Quantité	5 500	5 500	5 500
Prix	200	275	275
Coûts propres	990 000	137 500	1 127 500
Quantité	5 500	5 500	5 500
Montant unitaire	180	25	205
Facturation interne		1 100 000	
Prix de transfert		200	
Marge	110 000	275 000	385 000
Actifs investis	1 200 000	550 000	1 750 000
Quantité	6 000	5 500	
Montant unitaire	200	100	
ROI = marge/actifs	9,17 %	50,00 %	22,00 %

Question 3

Si elle peut placer les capitaux investis à Annecy à une rentabilité supérieure à 9,17 %, elle a financièrement intérêt à étudier la question de la sous-traitance. Mais il y a des coûts de désinvestissement, et la rentabilité dans une nouvelle activité a pour coût d'opportunité la rentabilité de 9,17 %.

SOCIÉTÉ PLANCTON

Thèmes : chaîne de valeur, inducteurs d'activité.

La société Plancton produit et vend dans différents circuits de distribution une gamme spécialisée de lotions et crèmes solaires ainsi que des lotions ayant la propriété de repousser et/ou de tuer certains insectes indésirables.

Ces produits sont vendus en grandes surfaces, dans le commerce de détail (supérettes, épiceries, plagistes) mais certaines spécialités ne se trouvent que chez les pharmaciens. La distribution est assurée par l'intermédiaire du réseau d'entrepôts régionaux que Plancton a installés sur l'ensemble du territoire et qui ont le statut de centres de profit. Des intermédiaires, principalement la société GG, assurent l'enlèvement dans les entrepôts de Plancton et, pour les plus importants comme GG, répartissent les produits dans leurs propres entrepôts, d'où ils livrent les points de vente au détail. Les relations sont évidemment contrastées selon qu'elles interviennent avec les grandes surfaces, qui planifient leurs approvisionnements pour ne pas avoir de stock, ou, par exemple, avec les pharmaciens, qui ne veulent pas non plus de stock mais exigent une livraison rapide par très petites quantités, ou encore avec les supérettes et le commerce traditionnel. Le schéma ci-dessous décrit ce processus logistique dans son ensemble et indique les activités qu'il comporte principalement.

Question 1. Dans ce processus logistique, quels sont les coûts des activités qui apparaissent dans les comptes de Plancton ?

Question 2. La société Plancton impute actuellement ses coûts de logistique à chacun de ses produits au prorata des chiffres d'affaires qu'ils réalisent. Que pensez-vous de cette méthode ?

Question 3. Pour le processus logistique de Plancton, donnez la définition et un exemple correspondant a) de coûts de capacité, b) de coûts variables indivis, c) de coûts variables volumiques.

L'usine expédie sa production aux entrepôts de Plancton en exécution d'un plan d'approvisionnement défini entre Plancton et GG, puis ajusté pour les petits intermédiaires. Chaque expédition est optimisée (jamais moins d'un camion entier), car le travail qu'elle demande est, à l'exception du chargement des camions, le même, quel que soit le volume expédié.

Considérons à présent le sous-processus : *préparation des expéditions.*

Question 4. Quel est l'inducteur d'activité applicable à ce sous-processus ?

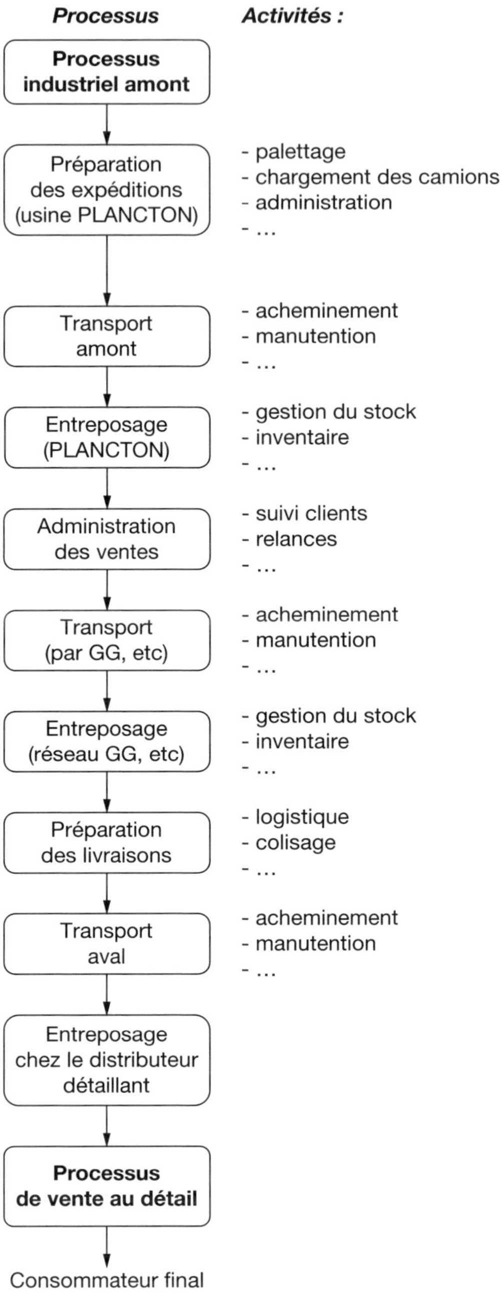
Processus
Activités :
Processus industriel amont
Préparation des expéditions (usine PLANCTON)
- palettage
- chargement des camions
- administration
- …
Transport amont
- acheminement
- manutention
- …
Entreposage (PLANCTON)
- gestion du stock
- inventaire
- …
Administration des ventes
- suivi clients
- relances
- …
Transport (par GG, etc)
- acheminement
- manutention
- …
Entreposage (réseau GG, etc)
- gestion du stock
- inventaire
- …
Préparation des livraisons
- logistique
- colisage
- …
Transport aval
- acheminement
- manutention
- …
Entreposage chez le distributeur détaillant
Processus de vente au détail
Consommateur final

Question 5. À quelles conditions cet inducteur peut-il être choisi comme unité d'œuvre ?

Question 6. Pensez-vous que l'organisation actuelle du processus logistique puisse rester durablement la même ? Pourquoi ?

La société Plancton a décidé de se diversifier en vue d'obtenir une activité beaucoup plus régulièrement répartie sur l'année. Ses laboratoires de recherche se sont intéressés aux produits pour les sports d'hiver, principalement les crèmes et les lotions qui préviennent et traitent les brûlures violentes et le dessèchement irréversible de la peau. Le président, un homme prudent, a choisi de ne lancer pour la prochaine saison qu'un seul des produits mis au point, pour en faire un test commercial. Il s'agit d'un produit pour les lèvres qui sera vendu aux pharmaciens en boîtes de 24 tubes à raison de 8 € la boîte. On prévoit une vente de 100 000 boîtes par saison, ce qui permettrait de faire passer l'activité hivernale de l'usine de 30 % à 80 % de sa capacité. Les coûts prévisionnels de fabrication seraient les suivants par boîte de 24 tubes, sur la base de 100 000 boîtes :

Main-d'œuvre directe	2 €
Matières directes	3 €
Coûts indirects	1,5 €
Total	6,5 €

Le caractère saisonnier des activités de Plancton permettrait de fabriquer ce produit sans augmenter les frais de capacité indirects existants, qui connaissent une sous-activité saisonnière dont il est impossible de réduire le coût. Mais il a paru équitable de faire supporter à cette nouvelle fabrication le coût complet des opérations productives qu'elle exige. Les coûts indirects représentent 0,75 € pour 1 € de main-d'œuvre, ratio constaté en activité normale de l'usine. Dans ce montant de 0,75 €, les coûts de capacité représentent les deux tiers. L'heure de main-d'œuvre est l'unité d'œuvre retenue et la main-d'œuvre coûte 10 € par heure.

Un sous-traitant, la société Bad, propose de fabriquer les tubes vides destinés à recevoir le produit. Il en coûterait 0,90 € les 24 tubes. Plancton économiserait la matière première à hauteur de 20 % de son montant total et le temps des opérations de fabrication supprimées, soit 10 % du temps de main-d'œuvre.

Question 7. La proposition est-elle acceptable ?

Question 8. Votre réponse est-elle la même si les prévisions d'activité portent sur 125 000 boîtes, auquel cas Plancton serait obligé d'accroître le total annuel de ses coûts de capa-

cité de 1 000 000 d'euros, dont 20 % pour louer une machine nécessaire aux opérations que Bad pourrait effectuer (les autres données de la question précédente restent les mêmes) ?

Question 9. Si la société Plancton peut recourir en partie à Bad et en partie à la production interne, que conseillez-vous de faire ?

Corrigé

Question 1

Ce sont les coûts (schéma) qui correspondent à la partie internalisée du processus.

Question 2

Cette pratique ne pourrait être correcte que si l'ensemble des coûts de cette partie internalisée peut recevoir l'euro de CA comme unité d'œuvre. Or il est clair que

– d'une part, le CA n'est pas l'inducteur d'activité de la plupart des activités listées dans le processus,

– d'autre part, rien ne dit que cette séquence d'activités déclenchées par une livraison aux entrepôts puis une vente à l'intermédiaire soit toujours la même.

Il en résulte que l'unité d'œuvre a peu de chances d'être l'euro de CA. Conséquence : le coût des petites livraisons-commandes éventuelles est sous-estimé puisque tout est proportionnel à la taille du CA. La mesure des performances du processus logistique est impossible.

Question 3

Variable volumique : proportionnel à la quantité de boîtes. Ex. : emballages.

Variable indivis : proportionnel par exemple au nombre d'expéditions ; ex. : consommation du camion.

Coût de capacité : coûts engagés pour être capable de réaliser une certaine performance quand l'activité en cause est demandée. Ex. : la plupart des autres coûts ici.

Question 4

L'inducteur est l'expédition.

Question 5

Il faudrait que chaque expédition déclenche les mêmes coûts, donc que les activités du processus soient toujours toutes déclenchées à chaque expédition et qu'elles soient effectuées de manière constante, provoquant ainsi un coût explicable par le seul facteur de leur déclenchement.

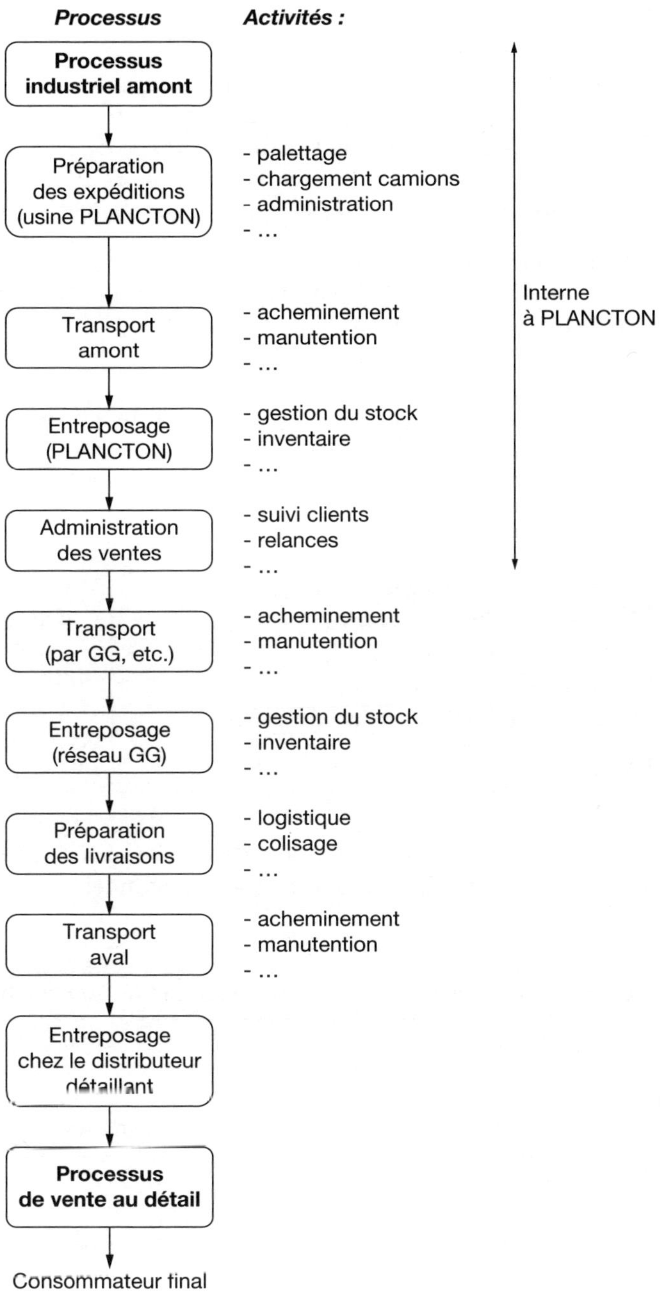
Processus
Activités :
Processus industriel amont
Préparation des expéditions (usine PLANCTON)
- palettage
- chargement camions
- administration
- …
Transport amont
- acheminement
- manutention
- …
Entreposage (PLANCTON)
- gestion du stock
- inventaire
- …
Administration des ventes
- suivi clients
- relances
- …
Interne à PLANCTON
Transport (par GG, etc.)
- acheminement
- manutention
- …
Entreposage (réseau GG)
- gestion du stock
- inventaire
- …
Préparation des livraisons
- logistique
- colisage
- …
Transport aval
- acheminement
- manutention
- …
Entreposage chez le distributeur détaillant
Processus de vente au détail
Consommateur final

Question 6

Il est clair que ce processus :

– n'est pas optimisé pour certains clients comme les grandes surfaces et qu'il comporte pour eux des activités non « créatrices de valeur » donc facteur d'élévation des coûts,

– contient des activités dont les coûts sont soumis à économies d'échelle (variables non volumiques et coûts de capacité).

Il est donc peu probable, si le CA avec la grande distribution prend de l'ampleur, que ce processus demeure identique. Le rôle de l'intermédiaire est évidemment menacé.

Question 7

Les coûts indirects comportent d'après les données des coûts de capacité pour 1 € et des coûts variables indirects pour 0,50 €. On peut ainsi détailler les coûts économisés si on accepte l'offre (par boîte) :

Main-d'œuvre supprimée	0,2
Matières directes supprimées	0,6
Coûts variables indirects	0,05
Total des coûts variables supprimés	0,85
Coûts de sous-activité supplémentaires	0,1
Total	0,95

L'offre ne serait acceptable que si au moins la moitié des coûts de sous-activité supplémentaires pouvait être supprimée.

Ou encore :

Acheter 100 000 boîtes			**Faire soi-même 100 000 boîtes**		
	Total	Par boîte		Total	Par boîte
Achat	90 000 €	0,90 €			
Main-d'œuvre	180 000 €	1,80 €	Main-d'œuvre	200 000 €	2,00 €
Matières	240 000 €	2,40 €	Matières directes	300 000 €	3,00 €
Frais indirects variables	45 000 €	0,45 €	Coûts indirects variables	50 000 €	0,50 €
Total	555 000 €	5,55 €	Total	550 000 €	5,50 €
			Écart	– 5 000 €	– 0,05 €

Question 8

Dans ce cas la sous-traitance élimine une part du coût induit par l'extension des capacités, soit 20 000 €, ou 0,16 € par boîte, ce qui situe à 1,01 € par boîte le montant économisé par la sous-traitance et, par rapport à l'offre de 0,90 €, fait économiser 0,11 € par boîte. L'offre est acceptable. Ou encore :

Acheter 125 000 boîtes			**Faire soi-même 125 000 boîtes**		
	Total	Par boîte		Total	Par boîte
Achat	112 500 €	0,90 €			
Main-d'œuvre	225 000 €	1,80 €	Main-d'œuvre	250 000 €	2,00 €
Matières	300 000 €	2,40 €	Matières directes	375 000 €	3,00 €
Frais indirects variables	56 250 €	0,45 €	Coûts indirects variables	62 500 €	0,50 €
Total	693 750 €	5,55 €	Coûts indirects de capacité en sus	20 000 €	0,16 €
Écart	– 13 750 €	– 0,11 €	Total	707 500 €	5,66 €

Question 9

Le coût de faire 100 000 boîtes et d'en sous-traiter 25 000 est le suivant :

Acheter 25 000 boîtes			**Faire soi-même 100 000 boîtes**			**Montant total**
	Total	Par boîte		Total	Par boîte	
Achat	22 500 €	0,90 €				22 500 €
Main-d'œuvre	45 000 €	1,80 €	Main-d'œuvre	200 000 €	2,00 €	245 000 €
Matières	60 000 €	2,40 €	Matières	300 000 €	3,00 €	360 000 €
Frais indirects variables	11 250 €	0,45 €	Frais indirects variables	50 000 €	0,50 €	61 250 €
Total	138 750 €	5,55 €	Total	550 000 €	5,50 €	688 750 €
Coût total (comparable) de l'achat de 125 000 boîtes				693 750 €	Écart avec la solution mixte	5 000 €
Coût total (comparable) de la fabrication de 125 000 boîtes				707 500 €	Écart avec la solution mixte	18 750 €

Cette solution mixte est donc la bonne.

Société Jinxx

Thème : analyse de la rentabilité des maillons de la chaîne de valeur, ROI, coût moyen pondéré du capital, création de valeur.

Le secteur d'activité du diamant est contrôlé par une très ancienne firme : la Deux Bières. L'industrie du diamant occupe plusieurs activités : prospecteurs, producteurs, tailleurs de pierres, joailliers, ainsi que des courtiers, des trieurs et, dans un autre ordre d'idées, des trafiquants. Les prospecteurs trouvent les diamants dans des mines situées dans des formations volcaniques de kimberlite. Cette roche est extraite par blocs, qui sont concassés et broyés puis passés aux rayons X qui détectent les gemmes.

La société Jinxx est une société concessionnaire d'une nouvelle mine de kimberlite, située en Islande. Les diamants extraits et taillés par Jinxx sont vendus à la CSC (*Central Selling Company*), propriété de la Deux Bières, qui fixe le prix des gemmes et les revend. Jinxx s'occupe à la fois de l'exploitation de la kimberlite et de la taille des gemmes. En conséquence, elle est organisée selon deux sites de production et de vente : la mine de Björkmin et l'usine de taille et de vente à la CSC de Reykjataï.

Dans la mine de Björkmin, on extrait des blocs de kimberlite. Ces derniers sont concassés, broyés, puis passés aux rayons X afin de détecter les gemmes bruts et de les extraire. Une partie des gemmes extraites pourrait être vendue en l'état à des tailleurs de pierres qui ne font pas d'extraction mais Jinxx a choisi pour le moment de transférer toute sa production de diamants bruts à l'usine de Reykjataï. Reykjataï transforme donc en les taillant les gemmes bruts afin d'en faire des diamants VVS prêts à être vendus à la CSC.

On vous rappelle que l'on peut extraire 0,2 gramme de diamant brut pour une tonne de kimberlite, qui donneront après taille 0,15 gramme de diamant taillé. On vous fournit en outre les données budgétées, réparties comme suit selon les deux sites dans le tableau 1. On suppose ici une absence de stockage.

Question 1. Calculez les résultats en coût complet des deux sites (Björkmin et Reykjataï) sur la période, en considérant que toute la production est vendue.

Question 2. Quels sont les ROI de chacun des deux sites pour cette même période ?

Les dirigeants de Jinxx vous précisent que la mine de kimberlite n'est pas actuellement exploitée au maximum de son potentiel (fonctionnement en une seule équipe de travail de 8 heures/jour) car l'atelier de taille est au maximum de ce qu'il peut absorber. L'essentiel des investissements du site de Björkmin correspond à l'achat du gise-

Tableau 1

	Björkmin	Reykjataï
Extraction de la kimberlite (tonnes)	280 000	–
Ventes à CSC (grammes de diamants taillés)	–	42 000
Prix de vente à CSC (€/gr. de diamants taillés)	–	1 500
Prix de cession à Reykjataï (€/gr. de diamants bruts)	600	–
Charges variables de fabrication (€/gr. de diamants bruts)	300	75
Coûts de capacité de fabrication (€)	14 000 000	4 000 000
Charges variables de commercialisation (€/gr. de diamant taillé)	–	200
Coûts de capacité de commercialisation (€)	–	8 000 000
Investissements (€)	56 000 000	12 000 000

ment, payé à l'État islandais. Les investissements complémentaires pour passer en deux équipes sont négligeables. On vous précise en outre que les actionnaires de Jinxx exigent une rentabilité de 20 % et que la structure de financement est de 100 de fonds propres pour 200 de dettes. Les banquiers de Jinxx exigent quant à eux une rémunération de 8 %.

Question 3. Calculez le CMPC (vous négligerez l'effet impôts dans ce calcul) ainsi que la valeur créée par JINXX. Répartissez la création de valeur entre les deux sites.

Question 4. Dans l'hypothèse où il existe une demande importante de diamants bruts provenant de tailleurs de pierres qui ne disposent pas de mines, que conseillez-vous aux dirigeants de JINXX ?

Corrigé

Question 1

42 000 grammes de diamants taillés vendus à CSC équivalent à 280 000 tonnes de kimberlite, soit un rendement de 0,15 et à 56 000 grammes de diamant brut (soit un rendement de 0,2).

Tonnes	Diamants bruts (gr)	Diamants taillés (gr)
300 000,00	60 000,00	45 000,00
280 000,00	56 000,00	42 000,00

Björkmin	Taillé q	u	montant
ca interne	42 000,00	800,00	33 600 000,00
cv fab	42 000,00	400,00	16 800 000,00
capa fab			14 000 000,00
résultat			**2 800 000,00**
	Équivalent brut q	u	montant
ca interne	56 000,00	600,00	33 600 000,00
cv fab	56 000,00	300,00	16 800 000,00
capa fab			14 000 000,00
résultat			**2 800 000,00**

Pour avoir l'équivalent diamant brut, diamant taillé, soit on utilise 42 000 et les charges correspondantes du budget, soit on utilise 56 000 et on multiplie les charges par 0,75 (0,15/0,2).

Reykjataï	Taillé q	u	montant
ca externe	42 000,00	1 500,00	63 000 000,00
cv achat bjork	42 000,00	800,00	33 600 000,00
cv taille	42 000,00	100,00	4 200 000,00
cv com	42 000,00	200,00	8 400 000,00
capa taille			4 000 000,00
capa com			8 000 000,00
résultat			**4 800 000,00**
	Équivalent brut q	u	montant
ca externe	56 000,00	1 125,00	63 000 000,00
cv achat bjork	56 000,00	600,00	33 600 000,00
cv taille	56 000,00	75,00	4 200 000,00
cv com	56 000,00	150,00	8 400 000,00
capa taille			4 000 000,00
capa com			8 000 000,00
résultat			**4 800 000,00**
résultat groupe			7 600 000,00

Question 2

Extraction et transformation kimberlite			
cv fab	42 000,00	400,00	16 800 000,00
capa fab			14 000 000,00
total coûts			30 800 000,00
soit / gramme			733,33
soit / tonne extraite			110,00
résultat			2 800 000,00
investissements nécessaires			56 000 000,00
ROI			**5,00 %**

Taille et vente des diamants bruts			
cv achat	42 000,00	800,00	33 600 000,00
cv taille	42 000,00	100,00	4 200 000,00
cv com	42 000,00	200,00	8 400 000,00
capa taille			4 000 000,00
capa com			8 000 000,00
total coûts			58 200 000,00
soit/gramme			1 385,71
résultat			4 800 000,00
investissements nécessaires			12 000 000,00
ROI			**40,00 %**

Question 3

Coût Fonds propres	Coût dette	Part dette	Part Fonds Propres
0,20	0,08	0,67	0,33

Actuellement		
Coût Moyen Pondéré du Capital (CMPC)	0,12	
Résultat Jinxx	7 600 000,00	
Investisssements	68 000 000,00	
ROI	11 %	<cmpc mais de justesse
EVA	– 560 000,00	destruction valeur (mais de peu)
Si abandon de l'exploitation		
CMPC	0,12	
Résultat Jinxx	4 800 000,00	
Investissements	12 000 000,00	
ROI	40 %	
EVA	3 360 000,00	création de valeur

Question 4

La valeur est sur la taille en raison des investissements très importants dus à l'exploitation de la mine. Cependant, arrêter la mine supposerait d'avoir un autre fournisseur externe de diamants bruts et *a priori* ceci ne serait pas au prix actuel de transfert entre les deux sites… Donc abandonner l'exploitation minière n'est pas une bonne solution. Il faudrait plutôt diversifier les ventes de diamants bruts en externe afin de dégager un chiffre d'affaires du site plus important...

En conclusion, soit on réalise des investissements sur la mine et la taille afin d'augmenter les ventes, soit on peut aussi investir sur la seule extraction afin de réaliser des ventes à d'autres ateliers en externe.

Société Malone [1]

Thème : analyse de rentabilité, ROI, coût du capital.

La société Malone utilise le critère du ROI pour mesurer la performance de ses divisions opérationnelles. Un résumé des chiffres des deux divisions est fourni ci-après. Le coût du capital de la société est de 12 %.

	Division A	**Division B**
Capitaux investis	2 400 €	4 000 €
Rex après impôts	480 €	720 €
ROI	20 %	18 %

Question 1. Quelle est, en dépit des apparences, la division la plus rentable ?

Question 2. Quel type de mesure de la performance montrerait clairement les rentabilités respectives des deux divisions ? Calculez ce critère et concluez.

Question 3. À quel coût du capital les deux divisions seraient-elles considérées comme également rentables ?

Supposez que l'on propose au manager de la division A un projet d'investissement sur un an, d'un montant de 1 000 € et qui rapporterait 150 €.

Question 4. Le manager devrait-il accepter ce projet s'il est jugé sur le ROI de sa division ? Vous justifiez votre réponse.

1. Cet exercice s'inspire d'un cas développé par R.S. Kaplan & A.A. Atkinson, *Advanced Management Accounting*, 3e édition, Prentice Hall, 1998.

Corrigé

Question 1

La division A a en effet un ROI plus élevé, mais le bénéfice de la division B est plus élevé (240 € de plus). Il serait donc souhaitable de voir quelle est la variation de bénéfice dégagée par B sur sa base d'investissement plus élevée.

Question 2

L'EVA® serait préférable pour identifier la performance des deux divisions, car elle permettrait en particulier de montrer le bénéfice dégagé en plus par B sur sa base d'investissement plus large. À un coût du capital de 12 %, les calculs seraient les suivants :

	Division A	**Division B**
Capitaux investis	2 400	4 000
Bénéfice net	480	720
Coût du capital (12 %)	288	480
EVA	192	240

L'EVA de B dépasse celle de A de 48 €, ce qui correspond aux 3 % (15 % – 12 %) sur une base d'investissement de 1 600 € de plus.

Question 3

Δ bénéfice : 240

Δ actifs : 1 600 (4 000 – 2 400)

Δ ROI : 15 %

À un coût du capital de 15 %, les deux divisions seraient également rentables.

Ou encore : 480 – 2 400x = 720 – 400x,

Soit x = 15 %.

Question 4

Nouveau ROI pour la division A :

(480+150)/ (2 400+1 000) = 18,5 %.

Ceci reste en dessous des 20 % actuels, donc le manager de A sera peu disposé à accepter cet investissement, même si celui-ci reste effectivement largement au-dessus du coût du capital de 12 %...

Société Morand

Thème : ROI, ROE.

Voici quelques données concernant la société Morand :

Immobilisations (k€)	3 600
Actifs circulants (k€)	1 300
Capitaux propres (k€)	1 750
Endettement (k€) à 5 %	3 150
Ventes	6 500
Charges variables	2 550
Coûts de capacité	3 200
Résultat d'exploitation	750
Charges financières	430
Résultat net comptable	320

Question 1. Quel est le ROI ?

Question 2. Que devient-il si les ventes croissent de 20 %, les actifs circulants et les coûts variables s'ajustant ?

Question 3. Supposons que le ROI soit de 15 %. Comment, en agissant sur le financement, ramener le ROE à 25 % ?

Corrigé

Question 1

ROI	15,31 %

Question 2

Immobilisations (k€)	3 600
Actifs circulants (k€)	1 560
	5 160
Ventes	7 800
Charges variables	3 060
Coûts de capacité	3 200
Résultat d'exploitation	1 540
ROI	29,84 %

Question 3

ROE = ROI + (ROI–i) D/CP	
D/CP = (ROE – ROI)/(ROI–i)	
ROE	25,00 %
ROI	15,00 %
ROI–I	10,00 %
D/CP	1,00

Société des GMS Réunis (SGR)

Thème : liens ROE, ROI, effet de levier.

La société des GMS réunis (SGR) exploite des hypermarchés, qui partagent les caractéristiques suivantes :

Résultat net en % du chiffre d'affaires	4 %
Endettement financier (% de l'actif)	20 %
Dettes envers les fournisseurs (% de l'actif)	55 %
Actifs circulants (stocks et clients) et trésorerie en % de l'actif	85 %
Coût de l'endettement financier (après impôt)	3,60 %
Coût du crédit fournisseur (après impôt)	2,40 %
Chiffre d'affaires (millions d'euros)	16,00
Actif immobilisé (millions d'euros)	0,40
Actif total en jours de chiffre d'affaires (année de 360 jours)	60,00

Question 1. Calculez le ROE.

Question 2. Calculez les éléments de la formule de l'effet de levier et expliquez le niveau du ROE en fonction du ROI.

Le gouvernement vient de répondre à une campagne menée par certaines organisations professionnelles en limitant le crédit fournisseur à 30 jours. Les achats liés au crédit fournisseur représentent 75 % du chiffre d'affaires de SGR. La société ne peut pas accroître sa dette financière. On vous précise par ailleurs que les données à l'actif restent inchangées.

Question 3. Quel impact potentiel cette mesure a-t-elle sur le ROE ?

Corrigé

Question 1

Le ROE est la rentabilité exigée par les actionnaires (fonds propres) et se calcule en divisant le résultat net par les capitaux propres. Les grandes masses du bilan et le résultat sont les suivants, ce qui conduit à un ROE de 96 %.

Masses du bilan	
Actif immobilisé	0,40
Actif circulant	2,27
Actif total	2,67
Capitaux propres	0,67
Dette financière	0,53
Dette fournisseurs	1,47
	2,67
Résultat	0,64
ROE	96 %

Question 2

Le ROI, le ROE et l'effet de levier sont directement liés. En effet, à dette nulle, le ROE et le ROI sont égaux. Lorsqu'on intègre la dette dans le financement, le ROE et le ROI diffèrent, en particulier à cause de l'effet de levier. Ce dernier permet avec un ROI stable de maximiser le ROE. Pour atteindre la même rentabilité pour les actionnaires (le ROE), il suffit aux managers d'endetter la société (augmenter la part de la dette dans le financement) et d'atteindre un ROI plus faible (d'où une moindre performance à atteindre en termes d'exploitation si la société est plus endettée grâce à l'effet de levier).

CA/A	6,00
R/CA	4,00 %
Taux d'intérêt	3,60 %
Pondérations	26,67 %
Taux moyen d'intérêt sur dette (i)	2,72 %
Dettes	0,53
Dette totale en millions d'euros	2,00
Charges financières	0,054
Résultat avant charges financières	0,694

ROI	26,04 %	26,04 %
i	2,72 %	
ROI – i		23,32 %
D/CP	3,00	
(ROI–i) D/CP		69,96 %
ROE		96,00 %

Question 3

Dans ce cas, l'impact joue comme ci-dessous sur les données d'origine et sur les masses du bilan (dettes fournisseurs, actifs circulants entre autres). Ceci a en retour un impact sur le ROI, le taux d'intérêt, l'effet de levier et, donc, le ROE.

	Avec un crédit de 30 jours	
Résultat net en % du chiffre d'affaires	4 %	
Endettement financier (% de l'actif)	0,2	
Dettes envers les fournisseurs (% de l'actif)	0,375	
Actifs circulants (stocks et clients) et trésorerie en % de l'actif	80 %	
Coût de l'endettement financier (après impôt)	3,60 %	
Coût du crédit fournisseur (après impôt)	2,40 %	
Chiffre d'affaires (millions d'euros)	16,00	
Actif immobilisé (millions d'euros)	0,40	
Actif total en jours de chiffre d'affaires (année de 360 jours)	60,00	

Masses du bilan		
Actif immobilisé	0,40	
Actif circulant	2,27	
Actif total	2,67	
Capitaux propres	1,13	
Dette financière	0,53	
Dette fournisseurs	1,00	
	2,67	
Résultat	0,64	

CA/A	6,00	
R/CA	4,00 %	
Taux d'intérêt	3,60 %	2,40 %
Pondérations	34,78 %	65,22 %
Taux moyen d'intérêt sur dette (i)	2,82 %	
Dettes	0,53	1,00
Dette totale en millions d'euros	1,53	
Charges financières	0,043	
Résultat avant charges financières	0,683	

ROI	25,62 %	25,62 %
i	2,82 %	
ROI – i		22,80 %
D/CP	1,35	
(ROI–i) D/CP		30,85 %
ROE		56,47 %

Société Jysui

Thème : comparaison d'indicateurs de rentabilité.

Les managers des centres de profit de la société Jysui ont toujours été jugés sur leur chiffre d'affaires et sur leur ratio de rentabilité R, calculé de la manière suivante :

$$R = \frac{\text{Résultat d'exploitation}}{\text{Capitaux investis}}$$

Les capitaux investis sont calculés à partir du total du bilan **en début d'exercice** après amortissement dont on déduit le crédit obtenu des fournisseurs. L'objectif de R est de 25 %.

On dispose des chiffres suivants concernant la division XY.

Éléments du bilan de la division	au 1/01/N	au 31/12/N
Immobilisations brutes de la division	23 980	26 540
Amortissements	14 340	17 670
Stock de produits	5 550	6 290
Stock de matières	3 200	3 560
Clients	15 760	19 870
Dettes aux fournisseurs d'exploitation	11 280	14 560

Résultat de la division	N
Ventes	56 980
moins : coût de production des ventes	36 260
moins : coûts hors production	13 450
moins : coût de sous-activité	2 280
égal : résultat d'exploitation	4 990

Question 1. Calculez le R de XY et indiquez les inconvénients de cet indicateur, en particulier par rapport à celui (ceux) que vous avez vus en cours.

Le directeur de la division XY voit sa performance baisser. Il se dit qu'il aurait intérêt à stocker pour améliorer son résultat. Les coûts de capacité de production sont de 19 000 euros. On cherche à évaluer sa performance s'il avait produit à 100 % de sa capacité, sans modification des ventes (toutes les unités supplémentaires produites sont stockées).

Question 2. À partir des données de l'énoncé, décomposez le coût des stocks de produits et le coût de production des ventes

en parties variable et capacité. Pour ce faire, vous tiendrez compte de la hausse des coûts de stocks.

Question 3. Quelle aurait été sa performance (résultat d'exploitation et R) s'il avait produit à 100 % de sa capacité ? Vous préciserez l'impact sur la valeur des stocks.

Corrigé

Question 1

Éléments du bilan de la division	au 1/01/N	au 31/12/N
Immobilisations brutes de la division	23 980	26 540
Amortissements	14 340	17 670
Stock de produits	5 550	6 290
Stock de matières	3 200	3 560
Clients	15 760	19 870
Dettes aux fournisseurs d'exploitation	11 280	14 560
	22 870	24 030

Résultat de la division	N	
Ventes	56 980	
moins : coût de production des ventes	36 260	
moins : coûts hors production	13 450	
moins : coût de sous-activité	2 280	12,0 %
égal : résultat d'exploitation	4 990	

R	
égal : résultat d'exploitation	4 990
divisé par : capitaux investis	22 870
R	21,8 %

Le problème de R est qu'il tient compte du crédit fournisseurs pour le calcul de la rentabilité (R prend en compte le BFR). Or la société peut jouer sur son crédit fournisseurs pour améliorer sa performance, contrairement à un critère comme le ROI qui rapporte le résultat au total des actifs.

Question 2

Pour la décomposition du coût des stocks de produits, il est tout d'abord nécessaire de tenir compte de la hausse du coût du stock de produits (soit 740). Cette hausse, ajoutée au coût de production des ventes (36 260) permet de déterminer le montant total des coûts de production (37 000). On sait par ailleurs que les coûts de capacité de production sont de 19 000 €, ce qui laisse la part variable des mêmes coûts à 18 000 €.

À partir de ces résultats, il est alors possible de ventiler les coûts de stocks en début et fin de période en deux parties, variable et capacité.

	au 1/01/N	**au 31/12/N**		
Stock : coût variable	2 700	3 060		
Stock : coût de capacité	2 850	3 230	15,0 %	17,0 %
	5 550	6 290		

Coûts de capacité en production	19 000
Coûts variables de production annuels	18 000

Coûts variables en stock initial	2 700	Coûts de capacité en stock initial	2 850	5 550
Coûts variables de production annuels	18 000	Coûts de capacité de production annuels	19 000	
Coûts variables en stock final	3 060	Coûts de capacité en stock final	3 230	6 290
Coûts variables de production des ventes	17 640	Coûts de capacité de production des ventes	18 620	36 260

Question 3

Il faut dans un premier temps déterminer le taux d'activité, à partir du coût de sous-activité et du total des coûts de capacité de production annuels (19 000 + 2 280). La valeur des stocks est déduite, pour la partie variable, du différentiel entre part réelle et part théorique des coûts (coûts supplémentaires), augmenté de ce qui était en stock au 31/12 (3 060). La valeur des stocks, pour la partie fixe, provient de ce qui était en stock au 31/12, augmenté du coût de sous-activité. Ce différentiel de valeur des stocks est obtenu en comparant la « nouvelle » valeur (10 730) et « l'ancienne » (6 290). Ceci permet alors de calculer le nouveau résultat ainsi que le « R ».

Coefficient d'activité en production	112,0 %	soit 21 280/19 000
Coûts variables	20 160	soit 18 000 × 112 %
D'où, à ventes constantes :		
Valeur des stocks variable fixe	 5 220 5 510 10 730	 soit 3 060 + coûts variables supplémentaires soit 3 230 + CSA supprimé
delta stocks	4 440	
Résultat ancien	4 990	
CSA supprimé	2 280	
Résultat nouveau	7 270	
R	31,8 %	

SOCIÉTÉ VALCOU

Thème : choix d'externalisation, impact sur le ROI.

La société Valcou est une PME des Vosges spécialisée dans la menuiserie : fabrication et commercialisation de fenêtres en bois, en particulier sur mesure pour la rénovation : deux types de fenêtres, F1 et F2.

Elle commercialise ses propres produits en bois et assure le négoce de produits achetés en PVC. Valcou écoule ses produits auprès de sociétés (*business to business*) et auprès de particuliers (*business to client*). La production actuelle se déroule par machines à commandes numériques assistées d'opérateurs, dans 5 ateliers (réception matières, bureau d'études, production, finitions et expédition), selon le processus suivant :

– réception du bois (livraison de planches de taille standard),
– contrôle qualité,
– saisie des données de production par le bureau d'études,
– ordonnancement de la production,
– découpe et usinage des profilés, assemblage (châssis),
– peinture et laquage,
– pose de la quincaillerie (tringles et charnières), des vitrages et des éléments décoratifs,
– manutention et expédition.

La société Expédium vous propose d'externaliser votre atelier d'expédition. Ceci permettrait à Valcou de récupérer l'investissement initial de 100 000 euros, sachant que l'expédition serait réalisée à un prix de 525 euros le lot de 20 fenêtres. Pour l'instant, le coût variable d'expédition de chaque lot est de 200 euros. Le nombre de fenêtres F1 et F2 produites par mois est inchangé : 200. Les coûts de capacité mensuels sont de 3 000 euros.

Question 1. Quelle est la marge dégagée par l'externalisation ? Que décidez-vous ?

On vous précise que le coût moyen pondéré du capital de Valcou est estimé à 15 %.

Question 2. Quel est le ROI annuel correspondant ?

Question 3. Quelle est votre analyse ?

Une petite scierie voisine vous propose de traiter ses expéditions afin d'exploiter au maximum et de développer l'atelier d'expédition. Les volumes supplémentaires à expédier seraient de 5 lots de 20 fenêtres par mois.

Ce projet nécessiterait de réaliser un investissement supplémentaire de nouveaux chariots élévateurs d'un montant de 40 000 €. Les coûts de capacité supplémentaires seraient de 6 000 € par an, les charges variables de traitement des lots restent inchangées. Le prix proposé pour accepter cette commande est de 410 € par lot expédié.

Question 4. Cette solution vous paraît-elle intéressante ? Afin de justifier votre réponse, vous déterminerez la marge ainsi que le ROI de ce projet.

Corrigé

Question 1

Il faut ici comparer le coût de la fabrication en interne et le coût de l'externalisation, ce qui permettra d'arbitrer.

Coût de capacité mensuel	Coût variable unitaire	Unité d'œuvre	Niveau normal d'activité par mois	Coût externe
3 000 €	200 €	lot de 20 fenêtres	200	525

Montant investi	100 000,00 €
Coût externe par 20 fenêtres	525,00 €
Coût externe pour 10 lots	5 250,00 €
Coût mensuel interne variable	2 000,00 €
Coût de capacité	3 000,00 €
Coûts internes	5 000,00 €
Économie réalisée	250,00 €

Le coût externe pour 10 lots est de 5 250 € et le coût en interne est de 5 000 €. L'arbitrage est minime mais il est en faveur de l'interne. Dans ce cas, il est donc préférable de garder en interne et de ne pas externaliser (mais l'analyse du ROI peut changer la donne).

Question 2

Économie annuelle	3 000,00 €
Capital investi	100 000,00 €
ROI annuel	3,00 %

Dans ce cas, le calcul du ROI montre que ce dernier est nettement inférieur au coût moyen pondéré du capital (3 % vs 15 %). Il est préférable d'externaliser en définitive.

Question 3

Si l'on se base sur l'analyse seule de la marge, cette dernière fait donc prendre une décision contraire à celle de l'analyse de la rentabilité. La seule analyse de la profitabilité est partielle et peut conduire à une décision erronée.

Question 4

Pour déterminer la marge et le ROI liés à ce projet, il faut dans un premier temps calculer les suppléments entraînés par cette proposition. Le chiffre d'affaires complémentaire est déterminé selon 5 lots de 20 fenêtres de plus par mois, à 410 € le lot, sur un an (12 mois). Les coûts de capacité supplémentaires annuels sont de 6 000 € et les coûts variables supplémentaires de 200 × 5 × 12. On en déduit la marge réalisée, ce qui permet de calculer le ROI annuel par comparaison avec l'investissement demandé. Ce ROI est supérieur au coût moyen pondéré du capital, ce qui laisse penser que c'est une bonne solution.

Investissement complémentaire	40 000,00 €
CA complémentaire	24 600,00 €
Coût de capacité complémentaires	6 000,00 €
Coûts variables sur CA supplémentaire	12 000,00 €
Marge réalisée	6 600,00 €
ROI annuel	16,50 %

SOCIÉTÉ TORGAL

Thème : décision optimale, ROI.

La société Torgal vend en France et fait produire en Chine trois lignes de chaussures : ville, enfant, sport. La première est vendue en grandes surfaces (GMS), la deuxième dans un réseau franchisé (les modèles sont différenciés), la troisième est distribuée par des magasins spécialisés dans les articles de sport.

L'entreprise produisait ses chaussettes jusqu'en N, elle a fermé ses usines à cette époque pour les faire produire en Chine. Elle ne détient plus aucun investissement industriel.

Les données sont les suivantes pour 1 000 unités vendues :

	Ville	Enfant	Sport
Prix moyen facturé au distributeur pour 1 000 pièces	55 000 €	32 000 €	45 000 €
Marge nette de Torgal pour 1 000 pièces	2 200 €	3 200 €	4 500 €
% de marge	4,00 %	10,00 %	10,00 %
Délai de règlement du distributeur (jours*)	90	60	90
Stock financé par Torgal (en jours* de vente)	45	30	150
Volume (milliers de pièces par an)	156	12	67

* L'année vaut 360 jours.

Question 1. Quel est le ROI de la ligne de chaussures pour enfant ?

La production des chaussures pour enfant avant fermeture des usines en France se faisait à un coût complet moyen de 23 000 € pour 1 000 unités et leur vente à un prix identique à celui d'aujourd'hui.

Question 2. La décision d'externaliser et de délocaliser a-t-elle été irrationnelle ? Argumentez avec des chiffres.

Pour chaque catégorie de produit, le financement des actifs est assuré par fonds propres pour 60 % de leur valeur comptable et le reste donne lieu à crédit fournisseur au coût de 6 %.

Question 3. Quelle est la rentabilité des fonds propres de la ligne de chaussures pour enfant ?

Question 4. Exprimez en nombre de jours de vente le crédit fournisseurs nécessaire dans la ligne de chaussures pour enfant.

Le crédit fournisseur est limité à 30 jours par les autorités. Il ne pourra qu'être complété par des fonds propres.

Question 5. Expliquez ce qu'il advient du ROE de la ligne de chaussures pour enfant.

Corrigé

Question 1

Le calcul demande de déterminer la profitabilité de la gamme et d'identifier les actifs qu'elle mobilise. Pour calculer les actifs, il faut noter que les stocks s'évaluent en coût, il faut donc convertir leur montant en jours de vente en enlevant la marge comprise dans le prix de vente.

	Ligne Enfants
Prix moyen facturé au distributeur pour 1 000 pièces	32 000 €
Marge nette de Torgal pour 1 000 pièces	3 200 €
% de marge	10,00 %
Délai de règlement du distributeur (jours)	60
Stock financé par Torgal (en jours de vente)	30
Volume (milliers de pièces par an)	12
CA	384 000 €
%	3,21 %
Marge nette de Torgal	38 400 €

Coût du financement d'exploitation	6 %

Stocks en coût	28 800 €
Clients en CA à encaisser	64 000 €
Total actifs	92 800 €
	1,80 %
Marge % du CA	10,00 %
CA/A	413,79 %
ROI	41,38 %

Question 2

Si on admet que tous les coûts « fixes » (capacité) inclus dans l'ancien coût ont disparu, l'externalisation a remplacé le coût de 23 000 €, qui dégageait une marge de 9 000 €, par un coût de 28 800 € dégageant une marge de 3 200 €. La marge perdue, soit 5 800 € pour mille pièces, ou 69 600 € au total, se compense en termes de rentabilité financière si elle a permis d'économiser au moins 169 200 € d'actifs. Sinon le ROI a baissé.

Question 3

La formule de l'effet de levier détermine le ROE (rentabilité des fonds propres).

	Ligne enfants
(ROI–i)	35,38 %
D	40,00 %
CP	60,00 %
D/CP	67 %
Levier (ROI – i) × D/CP	23,59 %
ROE	64,97 %
Part du levier dans le ROE	36,31 %
Marge pour 1 000 pièces avant externalisation	9 000 €
Marge totale	108 000 €
Marge perdue	69 600 €
Actif à économiser pour un ROI de 41,38 %	168 200 €

Question 4

Total des actifs	92 800 €
Crédit fournisseur	37 120
Capitaux propres	55 680
D/CP	67 %
D/CA	9,67 %
soit en jours (360 par an)	34,80
CA sur 30 jours	32 000 €
Total des actifs	92 800 €
À financer en fonds propres	60 800 €

Question 5

La réduction du crédit fournisseurs va, toutes choses égales par ailleurs, réduire le ROE.

Marge	10,00 %
CA/A	413,79 %
ROI	41,38 %
ROI – i	35,38 %
D/CP	52,6 %
Levier (ROI – i).D/CP	18,62 %
ROE	60,00 %
Perte sur levier	– 4,97 %
Ancien ROE	64,97 %
Écart	4,97 %

Société Ju Jitsu

Thème : analyse et décomposition du ROI.

La société Ju Jitsu est le leader mondial de la fabrication des écrans plasma. Elle a entamé le renouvellement de sa gamme d'écrans plasma 42 pouces 16/9e, la plus large du marché, avec le lancement d'un nouveau produit, le P42.

On suppose que toute la production a été vendue et qu'il n'existe pas de stock initial.

En moyenne, sur une année, Ju Jitsu fonctionne à 85 % de sa capacité maximale de production, cette dernière étant de 5 880 écrans plasma de type P42 par mois.

Les états et ratios financiers de Ju Jitsu sont synthétisés dans les données suivantes.

Bilan N			
Immobilisations nettes	123 200 000	Capitaux propres	88 000 000
Stocks	35 200 000	Dettes financières	88 000 000
Clients	17 600 000		
Total	176 000 000	Total	176 000 000

Compte de résultat N	
Ventes	180 000 000
Coût de production des ventes	90 000 000
Coûts hors production	63 600 000
Résultat d'exploitation	26 400 000
Intérêts	7 400 000
Impôts	6 650 000
Résultat net	12 350 000

Ratios	Ju Jitsu
ROI (hors impôts)	15 %
Levier financier	1
Marge sur coût de production	50 %
Intensité capitalistique	102 %

Question 1. Rappelez ce qu'est l'intensité capitalistique et son intérêt. Retrouvez ce ratio dans le cas de Ju Jitsu.

On suppose que seuls les actifs circulants sont proportionnels aux ventes et que les coûts de production comprennent 60 % de coûts de capacité. Les autres coûts sont des coûts de capacité.

Question 2. Quel est le niveau minimal des ventes de P42 à atteindre pour augmenter le ROI de Ju Jitsu de 2 points ?

Corrigé

Question 1

Intensité capitalistique = CA/Actif économique.

L'idée est de savoir combien on doit investir pour dégager x euros de chiffre d'affaires.

Dans le cas présent, on trouve bien 180/176, soit 102 %.

Question 2

Pour répondre à cette question, il faut dans un premier temps mettre en équation les composantes du ROI selon les quantités vendues cherchées (Q). On identifie p le prix de vente unitaire, v les coûts variables unitaires. Dans un second temps, on peut en déduire les quantités à vendre et le taux d'activité correspondant.

Ceci donne pour les calculs :

Résultat d'exploitation	PQ – VQ – coûts capacité production – coûts hors production

Actifs	Immobilisations + QX

P	3 001,20
V	600,24
Coûts de capacité de production	54 000 000
Coûts hors production	63 600 000
Actifs circulants/unité	880,35

ROI souhaité	17 %

ROI en équation	((3 000 – 600)Q – 54 000 000 – 63 600 000)/(123 200 000 +880 Q)

soit	2 400Q –117 600 000/123 200 000 + 880 Q

Q	61 564 unités annuelles, soit travailler à 87 % de sa capacité

Chapitre 5

L'aide au pilotage coût-valeur

SOCIÉTÉ DÉCENTRALISATION LIMITÉE (DL)

Thème : choix des inducteurs, acceptation d'une commande.

La société Décentralisation Limitée est organisée en deux divisions et chacune est un centre d'investissement jugé sur le respect de ses objectifs de chiffre d'affaires et de ROI. La division A produit notamment une pièce qu'elle vend sur le marché au prix de 200 €. Voici les données moyennes mensuelles collectées sur les six derniers mois.

Nombre de séries	Nombre d'unités par série	Nombre d'unités produites	Nombre de commandes reçues et traitées	Nombre d'expéditions effectuées
60	150	9 000	75	25

Activité	Consommations	Coût constaté par unité d'inducteur	Nature de l'unité d'inducteur à laquelle le coût total du mois est rapporté	Comportement du coût
Usinage	Matière consommée	38	L'unité produite	Coût variable avec le volume produit
	Main-d'œuvre	7 500	La série de 150 pièces	Coût de capacité de 450 000 € par mois. Les mêmes équipes pourraient assurer la production de 80 séries par mois.
	Amortissement	50	L'unité produite	Coût de capacité de 450 000 € par mois. Le matériel peut fabriquer 12 500 pièces par mois.
Expédition	Préparation des commandes	400	La commande	Coût de capacité de 30 000 € par mois. On pourrait traiter 90 commandes par mois.
	Transport	2 800	L'expédition	Coût forfaitaire de 2 800 € facturé par le transporteur pour chaque expédition. En moyenne on procède à 25 expéditions par mois.
Conception	Amortissement des frais de mise au point engagés il y a trois ans	30	L'unité produite	Coût mensuel de 270 000 €. On prévoyait, lors de ce calcul, une vente mensuelle de 12 000 unités.
Coût par unité produite		179,11		

Question 1. Quel serait le coût d'une pièce selon l'imputation rationnelle, en supposant qu'on l'applique à chacun des coûts de capacité en ne tenant compte que de son propre potentiel ? On supposera que les séries restent de 150 unités et que les commandes et les expéditions correspondent au même nombre d'unités que dans les données des deux tableaux ci-dessus.

Question 2. Un groupe industriel important propose d'acheter 3 000 unités par mois pendant les six prochains mois au prix de 160 € l'unité. On supposera que les séries seront toujours de 150 pièces. Le client accepte d'être livré en deux fois, le 15 et le 30 du mois.
a) Quelle marge sur coût variable apporte cette commande ?
b) Quelle réponse proposez-vous de faire à ce groupe si cette relation devait être poursuivie plus durablement ?

Corrigé

Question 1

Coût d'imputation rationnelle

Activité	Consommations	Coût constaté par unité d'inducteur	N	Coûts unitaires			
				Par unité	Par série	Par commande	Par expédition
Usinage	Matière consommée	38		38,00			
	Main-d'œuvre	450 000	80 séries		5 625,00		
	Amortissement	450 000	12 500 séries	36,00			
Expédition	Préparation des commandes	30 000	90 commandes			333,33	
	Transport	2 800					2 800,00
Conception	Amortissement des frais de mise au point engagés il y a trois ans	270 000	12 000 unités	22,50			
			Total	96,50	5 625,00	333,33	2 800,00
			Nombre d'unités		150,00	120,00	360,00
			Coût par unité	96,50	37,50	2,78	7,78
			Total par unité				144,56

Question 2

a) Si l'on raisonne ponctuellement, les données sont favorables :

Coût marginal et marge sur coût variable de la fourniture de 3 000 unités par mois en deux livraisons, fabrication par séries de 150

Activité	Consommations	Par unité	Par série	Par commande	Par expédition
Usinage	Matière consommée	38,00			
	Main-d'œuvre		0,00		
	Amortissement	0,00			
Expédition	Préparation des commandes			0,00	
	Transport				2 800,00
Conception	Amortissement des frais de mise au point engagés il y a trois ans	0,00			
	Total	38,00	0,00	0,00	2 800,00
	Total par pièce	39,87			
	Prix	160,00			
	Marge	120,13			

b) S'il s'agit d'une demande régulière, le minimum tend à être le coût d'imputation rationnelle :

Coût de la commande en imputation rationnelle

Activité	Consommations	Par unité	Par série	Par commande	Par expédition	
Usinage	Matière consommée	38,00				
	Main-d'œuvre		5 625,00			
	Amortissement	36,00				
Expédition	Préparation des commandes			333,33		
	Transport				2 800,00	
Conception	Amortissement des frais de mise au point engagés il y a trois ans	22,50				
	Total	96,50	5 625,00	333,3	2 800,00	
	Total par pièce	39,87	37,50	0,11	0,93	135,04
	Prix					160,00
	Marge					24,96

La commande reste acceptable tant qu'elle n'a pas comme coût d'opportunité une marge supérieure, par unité, à 24,96 €.

Compagnie Air et Soleil

Thème : choix des inducteurs, analyse de profitabilité.

Le dirigeant de la Compagnie Air et Soleil, qui effectue des excursions aériennes dans les îles Maldives, est inquiet de constater que ses résultats pour N sont négatifs alors que son unique concurrent, Air Sud, se porte bien. Il est parvenu à réunir les données du tableau 1 ci-dessous. Ses coûts sont sommairement divisés en « frais de fonctionnement » et en « frais généraux ». La rubrique « frais généraux » réunit les dépenses permanentes d'infrastructure administrative de la compagnie ainsi que les coûts engagés pour maintenir la flotte en état de fonctionnement au rythme actuel. La rubrique « frais de fonctionnement » regroupe tous les coûts additionnels provoqués par chaque départ en excursion.

Tableau 1

	Air et Soleil	**Air Sud**
Frais de fonctionnement liés au niveau d'activité de la compagnie en N	6 520 000	11 250 000
Frais généraux de la compagnie en N	11 255 000	9 875 000
Total des coûts pour N	17 775 000	21 125 000
Nombre de passagers dans l'année	16 640	22 620
Nombre de kilomètres parcourus dans l'année	88 400	134 160
Coût par kilomètre	201,07	157,46
Coût par passager	1 068,21	933,91
Nombre de passagers-kilomètre	1 470 976 000	3 034 699 200
Coût pour 100 passagers-kilomètre	1,21	0,70
Nombre de départs par semaine	2	3
Nombre de départs à l'année	104	156
Passagers transportés en moyenne par départ	160,00	145,00
Capacité en passagers d'un appareil (un appareil par départ)	234	186
Prix moyen payé par passager	1 000,00	980,00
Marge annuelle avant impôts	– 1 135 000,00	1 042 600,00

Question 1. Quel est votre diagnostic quant à la profitabilité d'Air et soleil ?

Question 2. Un consultant explique que le passager-kilomètre est le bon indicateur d'activité parce que, dit-il : « c'est cela que vous vendez ». À quelles conditions (et est-il probable qu'elles soient remplies) le passager-kilomètre (ou les 100 passagers-km) pourrait-il être
a) un inducteur d'activité ?
b) une unité d'œuvre ?

Question 3. Quelles variables clés le dirigeant de cette compagnie aurait-il intérêt à surveiller dans son tableau de bord de gestion, et selon quels horizons et périodicités ?

Corrigé

Question 1

Les coûts de fonctionnement sont en grande majorité des coûts variables en fonction du nombre de départs et peu liés au nombre de passagers (coûts variables indivis). On peut donc les analyser en ayant recours au principe de l'imputation rationnelle (tableau 1).

Tableau 1

	Air et soleil	**Air Sud**
A – « Frais de fonctionnement » par rotation	6 520 000,00	11 250 000,00
Montant par rotation	62 692,31	72 115,38
Sièges offerts par départ (N)	234,00	186,00
Nombre de passagers par départ (n)	160,00	145,00
V/N	267,92	387,72
Taux de remplissage (n/N)	0,68	0,78
Coût par passager constaté : F/n = (F/N)/(n/N)	391,83	497,35
B – Frais généraux	11 255 000,00	9 875 000,00
Montant moyen par rotation	108 221,15	63 301,28
Montant moyen par rotation et par siège	462,48	340,33
Montant moyen par rotation et par passager	676,38	436,56
Montant moyen total par passager	1 068,21	933,91

Air et Soleil

– est potentiellement plus compétitive que son concurrent (V/N = 267,92)

– mais est pénalisé par un moins bon remplissage (68 %)

– qui n'annule pas pour autant sa compétitivité sur les coûts de fonctionnement ;

– ce sont les frais généraux qui pèsent, alors que, paradoxalement, le nombre de départs est plus faible que pour le concurrent ;

– s'agit-il de frais administratifs ou de coûts dont l'inducteur est l'état (nombre, âge...) de la flotte ?

Question 2

a) Pour être un inducteur d'activité, il faudrait que le passager-km déclenche une ou plusieurs activités indépendamment d'autres événements. Il est peu probable que ce soit le cas car même la billetterie, par exemple, a le passager pour inducteur, mais sans doute pas le km.

b) Pour être une unité d'œuvre, il faudrait que les coûts, à court ou long terme, soient homogènes au nombre de passagers-km. À long terme, cela se discute (similitude avec le problème de Detœuf).

Question 3

Il faut distinguer les variables sur lesquelles on a une possibilité d'action et celles qui sont seulement utiles pour prévoir la trajectoire vers l'objectif. Ici le résultat annuel semble-t-il, mais ce pourrait être la part de marché selon la situation (croissance ou stagnation) du marché local.

Sur le plan financier, les deux variables clés sont le nombre de départs et le taux de remplissage. Un bon tableau de bord supposerait déjà que la relation entre ces variables et le comportement des coûts soit connue.

Le calcul du tableau 2 montre qu'un départ ne contribue à l'absorption des frais généraux (sauf à détailler leur comportement) qu'audelà du 63e passager. On peut imaginer un suivi cumulatif du mon-

Tableau 2

Point mort par vol	Air et Soleil	Air Sud
Coûts variables indivis à couvrir	62 692,31	72 115,38
Prix par passager	1 000,00	980,00
Nombre de passagers nécessaire	62,69	73,59
Taux de remplissage	0,27	0,40
Coûts de capacité à couvrir	11 255 000,00	9 875 000,00
Soit, par départ en moyenne	108 221,15	63 301,28
Coût par départ	170 913,46	135 416,67
Nombre de passagers	170,91	138,18
Taux de remplissage	0,73	0,74

tant des contributions hebdomadaires aux frais généraux, par comparaison avec la saison N1 par exemple.

Sur le plus long terme, le mode d'exploitation actuel suppose en moyenne au moins 171 passagers (on en a eu 160). On peut tracer un suivi de la situation cumulative par rapport à cette norme.

Mais au-delà, c'est l'action sur les frais généraux qui reste essentielle.

SOCIÉTÉ AVRE

Thème : choix des inducteurs.

La société Avre est une petite entreprise qui propose de l'usinage à la demande. Les commandes sont conclues sur devis avec les clients, des industriels de la mécanique. Le directeur général se réserve la partie commerciale de l'activité. Schématiquement, l'entreprise peut distinguer deux catégories de clients, ceux avec lesquels des contrats de six mois sont conclus (dits « gros clients ») et qui, à eux cinq, représentent 65 % du chiffre d'affaires en moyenne, et ceux qui ne passent que des ordres ponctuels (« petits clients ») et le font en général en exigeant d'être livrés sous dix jours. La société Avre est connue pour ses hautes compétences techniques et sa capacité à s'adapter aux exigences de ses clients, tout en respectant une qualité hors pair, des délais de livraison rigoureux et très inférieurs à ceux de la profession, au prix de surcoûts d'environ 20 % que les clients ont jusqu'à présent accepté de payer sans hésitation.

L'organigramme est le suivant :

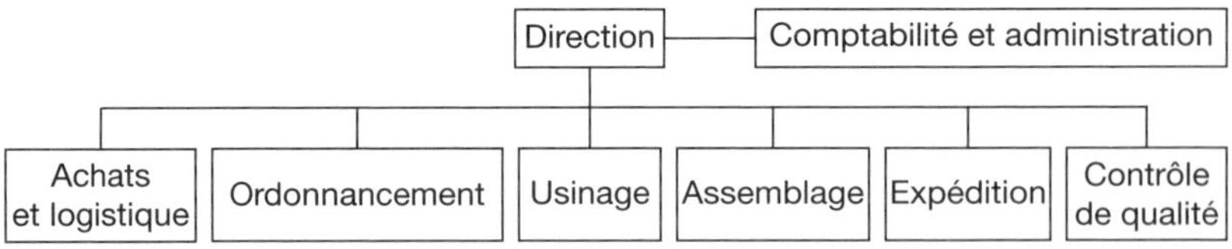

L'exécution d'une commande exige :

– la passation, par le service achats, d'un *ordre d'approvisionnement* auprès du fournisseur qualifié le mieux placé, sauf lorsqu'il s'agit des gros clients car avec ceux-ci, les contrats sont signés pour six mois et ils prévoient un plan de livraison confirmé chaque quinzaine pour le mois suivant. Dans ce dernier cas, la société travaille en juste à temps avec deux fournisseurs et le chef de fabrication se contente de confirmer le planning de livraison par téléphone, sans intervention des acheteurs,

– la *réception de la livraison* par le service achats et logistique, ce qui suppose toujours les mêmes tâches administratives et de manutention,

– le *contrôle à la réception* des livraisons des fournisseurs, par le contrôle de qualité, activité déclenchée exclusivement par les commandes des petits clients,

– le *transport de la matière* par le service achats et logistique, à l'atelier d'usinage au pied des machines qui serviront pour la commande concernée. Ces machines sont toujours les mêmes pour les gros clients, auxquels elles sont « dédiées » ; en revanche chaque petite commande suppose un « itinéraire » spécifique, exigeant parfois une seule prestation de machine, parfois celles de plusieurs machines, selon des combinaisons toujours différentes suivant les commandes,

– *l'ordonnancement* des tâches, rituellement opéré chaque quinzaine compte tenu des commandes connues, mais nécessairement refait pour chaque nouvelle commande reçue de la part des petits clients,

– le *réglage des machines*, effectué par les quatre régleurs à demeure dans l'atelier d'usinage, obligatoire au lancement d'une série (c'est-à-dire d'une commande). Certains réglages couvrent ainsi 2 heures de production, d'autres 8 jours et plus. Il est rarissime que les petits clients demandent une grande série. Les grandes séries demandées par les gros clients sont effectuées sur des machines automatiques sur lesquelles le réglage est une tâche négligeable,

– le *contrôle de qualité* de la première pièce produite,

– *l'usinage* proprement dit,

– le *transport à l'atelier d'assemblage* pour les commandes qui portent sur des sous-ensembles complexes (seul un des gros clients, la société Dubreuil, passe ce type de commande, très fréquent en revanche chez les petits clients),

– *l'assemblage*,

– le *transport* à l'atelier de conditionnement et d'expédition,

– le *conditionnement-expédition*, ce qui suppose une activité « physique » de préparation des commandes à expédier, qui dépend de leur volume, et une activité administrative de préparation des documents d'accompagnement, indépendante de la taille de la commande. L'expédition est sous-traitée à un transporteur extérieur.

Le système comptable de cette société consiste :

– à imputer les frais de la direction aux différents services en fonction de leurs effectifs,

– puis à transférer les coûts des « services de soutien » (comptabilité et administration, achats-logistique, ordonnancement, contrôle de qualité) aux ateliers d'usinage, d'assemblage et d'expédition au prorata des heures de travail constatés dans les trois ateliers.

Les coûts totaux des trois ateliers sont alors imputés aux commandes selon le nombre d'heures de main-d'œuvre demandées par chacune d'elles d'après les devis.

Question 1. Selon la typologie de Michael Porter, comment qualifier la stratégie de la société Avre ?

Question 2. Si la société ne travaillait que pour ses « gros clients », son actuel système de calcul de coûts des commandes serait-il acceptable ?

Question 3. Le fait d'avoir une clientèle diversifiée de gros et de petits clients induit-il de nécessaires modifications dans le système de calcul des coûts des commandes, par rapport au cas de la question 2 ?
Quelles distorsions le système actuel de calcul des coûts risque-t-il d'introduire ?

Question 4. Quelles activités la société AVRE devrait-elle, selon vous, identifier pour pouvoir calculer des coûts par commande fiables ?
Quelles unités d'œuvre vous semblerait-il possible de proposer pour les activités que vous avez recensées ?

Corrigé

Question 1

C'est une stratégie de **différenciation**.

Question 2

Le système actuel suppose que les coûts sont **dépendants des temps** de main-d'œuvre, donc que, quelle que soit la commande traitée, elle déclenche les mêmes contrôles de qualité, les mêmes travaux en expédition, les mêmes tâches d'ordonnancement, les mêmes tâches en achat et en réception, les mêmes travaux administratifs. C'est *a priori* une hypothèse inacceptable car ces coûts ont des logiques (des inducteurs de coûts) différentes et ils ne sont donc pas homogènes. Mais tout se passe comme s'ils l'étaient, dans la mesure où les tailles des commandes sont comparables. Alors, le système utilisé peut être tolérable s'il donne des coûts par commande proches de l'exactitude. Une restriction cependant (elle n'est pas le point central de cette question) : ce sont les temps standards qui sont utilisés, et ils peuvent évidemment être différents des temps réels, non contrôlés.

Question 3

Oui, parce qu'une petite commande exige **proportionnellement plus** de travail de réception, de transport interne, d'ordonnancement, de réglage, de contrôle qualité, de travaux administratifs d'expédition que les grandes commandes. De surcroît, elle oblige à des processus d'approvisionnement spécifiques.

Cela ne serait pas important si les coûts des activités en cause étaient négligeables. Si tel n'est pas le cas, le fait de ne pas modifier le système actuel conduit à **sous-estimer** le coût des petits clients et à surestimer le coût des gros clients.

Question 4

Le critère est simple : pour le calcul fiable d'un coût par commande, la règle **d'homogénéité** (équiproportionnalité) conduit à distinguer autant d'activités qu'il existe de processus stables. On peut alors proposer la liste suivante :

Activités (petits clients)	Activités (gros clients)	Unité d'œuvre
Commande d'approvisionnement		La commande
	Confirmation aux fournisseurs	Le contrat
Réception des livraisons	Réception des livraisons	La réception
Contrôle qualité des livraisons		Le contrôle = la réception petits clients
Approvisionnement des machines	Approvisionnement des machines	Par approximation : la tournée
Ordonnancement	Ordonnancement	La série
Réglage des machines	Réglage des machines	La série
Contrôle qualité	Contrôle qualité	La série
Usinage	Usinage	Heure machine
Transport assemblage	Transport assemblage (Dubreuil)	La commande concernée
Assemblage	Assemblage (Dubreuil)	Heure de main-d'œuvre
Transport	Transport	La série
Expédition (préparation)	Expédition (préparation)	L'expédition
Expédition (physique)	Expédition (physique)	Quantité expédiée

SOCIÉTÉ ALU

Thème : choix des inducteurs, périmètres de coûts homogènes, ROI.

La société Alu est spécialisée dans la production d'aluminium. Ses clients finaux sont principalement l'industrie automobile, les firmes d'électroménager, le bâtiment. Les commandes sont de deux types : les commandes d'alliage ordinaire (faible dureté, pureté moyenne, donc des produits peu chers) et les commandes d'alliages spéciaux (plus grande pureté, plus grande dureté, donc des alliages plus chers).

Par simplification, on peut décrire le processus de production de l'aluminium de la façon suivante.

Étape 1.

Dans la fonderie, les lingots d'aluminium sont produits à partir de métal aluminium et des chutes du processus de finition (cf. étape 4 ci-dessous). Le coût de production d'un lingot dans la fonderie dépend en presque totalité de la pureté de l'alliage utilisé au départ. Les coûts engagés dans la fonderie pour amener le métal à température de fusion, couler le lingot et le refroidir, sont les mêmes, quel que soit l'alliage.

Étape 2.

À partir des lingots, l'atelier de laminage à chaud élabore des bobines d'ébauche, dites « à chaud », de 14 mm d'épaisseur environ. Le laminage des alliages les plus durs nécessite plus de temps de laminoir par rapport aux alliages ordinaires.

Étape 3.

À partir des bobines d'ébauche, l'atelier de laminage à froid fabrique des bobines dites « à froid », de 3 à 6 mm d'épaisseur, qui sont un produit semi-fini laminé. De même que pour le laminage à chaud, les coûts du laminage à froid sont conditionnés par la dureté de l'alliage à laminer.

Étape 4.

L'atelier de finition et de découpe réalise les étapes finales de la fabrication des produits laminés : emboutissage (découpe) principalement. Afin de découper les pièces finales, les bobines à froid sont déroulées et les pièces découpées au fur et à mesure. Selon le type de pièces à réaliser, le métrage est plus ou moins utilisé de façon optimale. Ainsi, certaines pièces produiront de nombreuses chutes, alors que d'autres utiliseront le métrage de façon optimale.

L'étape 1 est déclenchée lorsqu'il existe une quantité suffisante de métal aluminium à fondre. Les étapes 2 à 4 sont déclenchées lors de la production d'une commande nouvelle. Chaque commande correspond en principe à un nombre entier de lingots d'un même alliage.

Question 1. Quels sont les inducteurs d'activité de ces quatre activités ?

Le nouveau contrôleur de gestion cherche à déterminer le niveau optimal de regroupement des coûts pour l'ensemble de la production. Pour le moment, son prédécesseur imputait les coûts de toute la fabrication en fonction de la tonne d'aluminium.

Question 2. L'actuelle imputation des coûts vous paraît-elle pertinente ? Pourquoi ?

Question 3. Selon quels périmètres le nouveau contrôleur de gestion devrait-il regrouper les coûts ? Justifiez votre réponse.

Question 4. Que proposez-vous comme unités d'œuvre pour chacune des sections identifiées ci-dessus ?

Dans le cadre d'une réunion des différents responsables d'Alu, le directeur commercial de la zone Asie propose un contrat spécifique avec un client, dont les caractéristiques sont les suivantes :

Capitaux nécessaires	1 600 000 €
Marge opérationnelle attendue (hors couverture)	220 000 €
Coût de la couverture de cette commande (couverture du risque de hausse du coût de l'aluminium)	75 000 €

Le cours de l'aluminium est très volatil et peut varier dans des proportions très importantes. À titre indicatif, une variation de 1 % du prix de la tonne d'aluminium entraîne une baisse d'environ 10 % de la marge attendue. Les variations de cours ne peuvent en aucun cas être répercutées sur les prix négociés à ce nouveau client. Le ROI exigé par le groupe Aluney est de 12 %. Le directeur de la zone Asie, d'un naturel optimiste, pousse à l'acceptation de cette commande. Le contrôleur de gestion est réticent.

Question 5. Qu'en pensez-vous ?

Corrigé

Question 1

	Étape	Inducteur
Fonderie	1	Production lingots
Laminage à chaud (LAC)	2	Commande client
Laminage à froid (LAF)	3	Commande client
Finition	4	Commande client

Question 2

L'imputation actuelle n'est pas pertinente car elle ne respecte pas l'homogénéité des coûts. En effet, les coûts ne sont pas homogènes par rapport à la tonne d'aluminium en raison des différents alliages et des différentes pièces à produire.

Question 3

Périmètres :	
Fonderie	P1
LAC et LAF	P2
Finition	P3

Il faut ici retrouver l'homogénéité selon les tâches à accomplir :

Fonderie	par rapport à l'aluminium à traiter
LAC et LAF	par rapport au temps passé au laminoir
Finition	par rapport au métrage de bobine utilisé

Question 4

Périmètre		Unité d'œuvre
Fonderie	P1	tonne aluminium
LAC et LAF	P2	heure laminoir
Finition	P3	heure machine ou métrage bobine

Question 5

La marge opérationnelle attendue varie selon l'option choisie (hors couverture ou avec couverture), ce qui, avec le ROI exigé, change la donne en ce qui concerne le besoin en capitaux. Au vu des capitaux disponibles actuellement (1 600 000), l'option de couverture ne peut se réaliser, d'où la réticence affichée du contrôleur.

Résultat (marge opérationnelle attendue)	220 000
ROI	12 %
Besoin en capitaux	1 833 333
Capitaux actuels	1 600 000
Décision	oui

Résultat	145 000
ROI	12 %
Besoin en capitaux	1 208 333
Capitaux actuels	1 600 000
Décision	non

Société Lavelo

Thème : coût-cible.

La société Lavelo est un équipementier automobile. Ses dirigeants désirent entrer rapidement dans le marché en pleine euphorie des batteries longue durée à technologie du lithium. Ils pensent que la nouvelle batterie ne devrait pas être lancée à un prix dépassant 65 euros. Ils sont persuadés de vendre très rapidement 50 000 batteries par an à ce prix. L'investissement en immobilisations et en besoin en fonds de roulement que nécessitera cette nouvelle activité est de 2,5 millions d'euros. La société privilégie le critère de ROI qui ne saurait être inférieur à 20 % l'an avant impôts.

Question. Quel coût-cible faut-il assigner à ce nouveau produit ?

Corrigé

Marge nécessaire	500 000 (2,5 millions × 0,2)
CA	3 250 000 (50 000 × 65)
Coût	2 750 000 (3 250 0000 – 500 000)
Coût unitaire	55

Chapitre 6

Le passage du long au court terme (direct costing et imputation rationnelle)

Société Ria

Thème : imputation rationnelle, direct costing, impact sur la rentabilité.

La société Ria considère que ses actifs bruts (c'est-à-dire leur montant avant amortissements et provisions) doivent rapporter avant impôts une rentabilité de 20 %. Elle retient l'hypothèse d'une activité normale représentant en moyenne 80 % des capacités installées. L'actif de son bilan comprend des immobilisations pour un total brut de 800 000 k€, et des actifs circulants qui sont considérés comme proportionnels aux coûts de fabrication et au chiffre d'affaires, quel que soit le produit qui cause l'existence de ces actifs. Pour une production prévisionnelle de 80 % des capacités installées, la société Ria considère que les stocks de matières et de produits doivent représenter 35 % du coût de production total (C), tandis que les comptes clients et la trésorerie doivent représenter 20 % du chiffre d'affaires (CA). Les coûts de distribution qui s'ajoutent à ses coûts de fabrication sont supposés être de 5 % de son chiffre d'affaires. Les autres coûts et frais généraux sont ignorés.

Question 1. Quel est le chiffre d'affaires qui permet d'atteindre cet objectif pour un coût de production de 280 000 k€, correspondant à l'activité normale définie ci-dessus ?

Question 2. Les coûts de capacité totaux que comprennent les coûts de fabrication ci-dessus sont de 142 000 k€. Quel est le

résultat si l'activité de production et de vente tombe à 70 % des capacités installées ? Présentez le calcul en direct costing puis en imputation rationnelle.

Question 3. On considère que, dans la formule appliquée par l'entreprise, les stocks (35 % des coûts de production dans les hypothèses retenues) comprennent, une fois la production organisée, un montant inéliminable de 38 000 k€ et que le reste est proportionnel aux coûts de fabrication. En revanche, on peut considérer que les comptes clients et la trésorerie sont proportionnels aux ventes. Quel est le montant des actifs dans l'hypothèse de la question 2 et quelle est la rentabilité réalisée alors par rapport aux actifs ?

Question 4. Supposons maintenant que la production tombe à 60 % des capacités installées, mais que les ventes se maintiennent à 70 % du chiffre d'affaires que le plein-emploi des capacités permettrait de réaliser. Sans calcul, dites dans quel sens le résultat en imputation rationnelle évoluerait par rapport à la question 2) et expliquez pourquoi. Calculez le résultat.

Question 5. En N, les ventes ont chuté et les dirigeants envisagent de les relancer par une campagne de publicité et de promotion. Cette campagne coûterait 25 000 k€ auxquels s'ajouteraient les pertes de marge liés aux remises promotionnelles proposées aux clients. On envisage une remise de 5 % du prix de vente ordinaire. Quel volume de ventes supplémentaires faudrait-il que cette campagne permette de réaliser pour que le bénéfice augmente ? On considérera que les données initiales sur les coûts de fabrication et sur les coûts de distribution (proportionnels au chiffre d'affaires) sont toujours valables.

Question 6. L'entreprise se voit offrir deux commandes de travail à façon, mais elle ne pourra, en raison de ses capacités limitées, n'en retenir éventuellement qu'une seule.

La première commande porte sur une livraison de 32 000 pièces mécaniques au prix unitaire de 320 €. Elle entraînerait des charges variables de fabrication de 250 € par pièce et accroîtrait les coûts de livraison d'un montant forfaitaire de 560 000 €, en plus des 5 % liés aux ventes déjà évoqués ci-dessus.

La deuxième commande porte sur 25 000 pièces au prix de 485 €. Les charges variables de fabrication seraient de 320 € par pièce et il n'y aurait pas de coût de livraison supplémentaire au-delà des 5 % habituels.

Chacune de ces commandes aurait un effet marginal sur le niveau des actifs. Les immobilisations ne seraient pas touchées, mais les stocks variables avec le niveau de production ainsi que les comptes clients augmenteraient sur la base des données de la question 3.

Quelle commande a-t-on intérêt à accepter si l'on utilise le critère de la marge apportée ? Le choix est-il identique si l'on privilégie la commande qui apporte la meilleure rentabilité sur les actifs supplémentaires qu'elle entraîne ?

Corrigé

Question 1

On doit avoir :

$CA - C - 0{,}05.CA = 0{,}20 \times (800\,000 + 0{,}35 \times C + 0{,}20 \times CA)$

soit $CA.(1 - 0{,}05 - 0{,}04) = 160\,000 + C \times (1 + 0{,}07)$

$CA = [160\,000 + 280\,000 \times 1{,}07]/[0{,}91] =$ **505 054,95**

Question 2

L'activité tombe donc de 1/8 et non de 30 %.

En direct costing

Chiffre d'affaires	441 923,08
Coûts variables	120 750,00
Coûts de capacité	142 000,00
Coûts de distribution	22 096,15
Résultat	**157 076,92**

En imputation rationnelle

Chiffre d'affaires	441 923,08
Coûts imputés	245 000,00
Coûts de distribution	22 096,15
Marge	174 826,92
CSA	17 750,00
Résultat	**157 076,92**

Question 3

Les calculs sont les suivants :

Actifs fixes	800 000,00
Stocks fixes	38 000,00
Stocks variables	60 000,00
Stocks totaux	98 000,00
Clients et trés.	88 384,62
Actif total	**986 384,62**
B/A	**0,16**

Question 4

a) Le coût de sous-activité augmente, le résultat baisse.
b) Le calcul donne :

Chiffre d'affaires	441 923,08
Coûts imputés	245 000,00
Coûts de distribution	22 096,15
Marge	174 826,92
CSA	35 500,00
Résultat	**139 326,92**

Question 5

Il faut, en appelant P1 l'ancien prix, Q1 les anciennes quantités et Q2 les nouvelles :

	Avant	**Après**
CA	P1 × Q1	0,95 × P1 × Q2
Coût de production (capacité)	142 000,00	142 000,00
Coûts de production variables	0,2732 × P1 × Q1	0,2732 × P1 × Q2*
Coûts de distribution	0,05 x P1 × Q1	0,0475 × P1 × Q2
Publicité	0,00	25 000,00
Bénéfice	0,6768 × P1 × Q1 – 142 000	0,6293.P1.Q2–167 000

* ((280 000–142 000)/505 054 × 95) = 27,32 %

On a donc à vérifier :

$$Q2 > [0,6768\ P1 \times Q1 + 25\ 000]/[0,6293 \times P1]$$
$$Q2 > 1,075\ Q1 + 25\ 000/0,6293 \times P1$$

Question 6

Les calculs donnent, pour la marge :

	Commande 1	**Commande 2**
CA	10 240 000,00	12 125 000,00
Charges variables	8 000 000,00	10 240 000,00
Charges fixes	560 000,00	
Livraison	512 000,00	606 250,00
Marge	1 168 000,00	1 278 750,00

Mais la prise en compte du ROI inverse le choix :

Stocks variables* Clients Total	3 478 260,87 2 048 000,00 5 526 260,87	4 452 173,91 2 425 000,00 6 877 173,91
** par € de coût variable : 60 000 / (280 000 – 142 000)*		
B/A	**0,2**	**0,19**

Société Pazici

Thème : raisonnement en coûts variables, coûts d'imputation rationnelle.

La société Pazici est organisée en divisions de produits qui sont des centres de profit. La division A fabrique une pièce mécanique qui se vend 395 € sur le marché. Elle entraîne des coûts variables volumiques (matière première) de 55 € par unité et des coûts variables indivis de 110 000 € par série, chaque série lancée étant normalement de 1 000 unités. La capacité installée, qui coûte mensuellement 19,2 millions d'euros, est susceptible de produire 150 000 pièces par mois. Cependant la division A fonctionne en moyenne à 120 000 pièces par mois depuis quelque temps. Les comptes de la division sont donnés, pour un mois type, par le tableau 2.

La division B a besoin des pièces fabriquées par A, pour un volume qui serait de quelque 1 500 unités par mois. La division A lui propose de les lui faire payer au prix habituel de 395 €, moins 10 % (pour marquer sa bonne volonté, les pièces livrées à B étant strictement identiques aux pièces livrées au marché et entraînant les mêmes coûts).

Question 1. Ce prix reflète-t-il ce que coûte la livraison interne à l'entreprise, si l'on suppose que A n'espère pas pouvoir fonctionner rapidement à 100 % de sa capacité grâce aux commandes extérieures ?

Question 2. Votre réponse est-elle la même si l'on suppose à présent que la division A s'attend à un rapide retour de son activité pour le marché à 100 % de sa capacité de production ?

Revenons au contexte de la question 1. La division B propose de ne payer que les coûts variables, moins les coûts de sous-activité supprimés par la commande qu'elle passe à A (tableau 3).

Tableau 2

	Quantités	Montant par série de 1 000	Montant par unité	Montant total
Ventes	120 000	395 000	395,00	47 400 000
Coûts variables volumiques	120 000	55 000	55,00	6 600 000
Coûts variables indivis				
Coûts liés au nombre de séries (1)		110 000	*110,00*	13 200 000
Autres coûts variables indivis				0
Marge sur coûts variables	120 000	230 000	230,00	27 600 000
Coûts de capacité imputés (2)		*128 000*	128,00	15 360 000
Marge	120 000	102 000	102,00	12 240 000
Coûts de sous-activité (3)	30 000	*128 000*	128,00	3 840 000
Résultat				8 400 000

(1) La taille réelle des séries respectant la norme, tous les coûts indivis sont imputés aux produits fabriqués.

(2) Le taux d'activité est de 120 000/150 000 soit 80 %, ce qui conduit à n'imputer que 80 % des 19,2 M€ aux produits fabriqués.

(3) Le coût de sous-activité porte sur 20 % des coûts de capacité.

N.B. Les chiffres en italiques sont ceux qui résultent du calcul, sans être directement induits soit par la série, soit par l'unité-pièce, selon le cas.

Tableau 3. *Calcul de la division B pour une commande de 1 500 pièces à la division A*

	Montant par unité	Montant total
Coûts variables volumiques	55,00	82 500
Coûts variables indivis selon imputation rationnelle	110,00	165 000
Total	165,00	247 500
Moins : coûts de sous-activité supprimés en A	128,00	192 000
Solde à payer	37,00	55 500

Question 3. Que pensez-vous de ce raisonnement ?

Supposez que B commande durablement 1 500 pièces à A alors que cette dernière division fonctionne régulièrement à 149 000 unités par mois.

Question 4. Quel prix minimum, sans tenir compte de ses objectifs éventuels de taux de rentabilité, la division A pourrait-elle proposer à B ?

Question 5. Quel est le coût d'opportunité des 500 unités à prélever sur les commandes du marché dans ce cas ?

Corrigé

Question 1

Non, car la livraison interne coûte les coûts variables dans l'immédiat, soit 165 € la pièce, en admettant de soumettre les coûts variables indivis à imputation rationnelle (mais comment tarifer autrement ?).

Question 2

Le coût pour l'entreprise est alors de 1 500 fois 395 €, soit 592 500 €.

Question 3

Évidemment les coûts de sous-activité ne sont pas supprimés dans ce cas.

Question 4

Le coût variable de 1 000 pièces (165 000 €) et le coût d'opportunité de 500 pièces (197 500 €) soit 362 500 €. Mais, la commande étant récurrente, on peut préférer le coût d'imputation rationnelle sur les 1 000 unités, soit 293 000 €.

Question 5

On vient de le voir : 197 500 €.

Société Hilfe

Thème : analyses en direct costing et en imputation rationnelle.

Voici la composition du coût unitaire d'un des produits fabriqués par la société Hilfe. Ces données sont calculées pour une fabrication et une vente de 20 000 unités par mois.

	Variable	**Capacité**	**Total**
Matière	40	0	40
Usinage	6	54	60
Montage	21	15	36
Commercialisation	43	23	66
Frais généraux	0	22	22
Total	110	114	224
Prix de vente			200
Résultat			– 24

Tous les coûts de capacité (hormis les frais généraux) sont directs au produit. Ces derniers représentent une quote-part des frais du siège que, d'après une vieille tradition, l'entreprise fait forfaitairement supporter à chaque produit (1/15e du total des frais de siège pour chacun des 15 produits de l'entreprise).

Question 1. Présentez le compte de résultat mensuel du produit pour un mois de production et de vente de 20 000 unités selon le principe du direct costing simple (ou méthode du coût variable). Il n'y a pas de stock initial.

Question 2. Présentez le compte de résultat mensuel dans l'hypothèse d'une production et d'une vente de 18 000 unités en direct costing évolué (ou méthode du coût direct).

Question 3. Quel est le point mort permettant de couvrir les coûts directs au produit ? En quoi est-il cohérent avec vos calculs des questions 1 et 2 ?

Question 4. Présentez le compte de résultat du produit en imputation rationnelle, le niveau actuel d'activité étant de 18 000 unités produites et vendues et le normal d'activité étant supposé de 25 000 unités par mois en production et en vente.

Question 5. Quelle conclusion tirez-vous du compte en imputation rationnelle ? Votre conclusion serait-elle la même si le niveau normal d'activité était de 20 000 unités ?

Corrigé

Question 1

Ventes	200	20 000	4 000 000
Coût variable	110	20 000	2 200 000
Marge sur coût variable	90	20 000	1 800 000
Coûts fixes directs et indirects	92	20 000	2 280 000
Résultat		20 000	– 480 000

Question 2

Ventes	200	18 000	3 600 000
Coût variable	110	18 000	1 980 000
Marge sur coût variable	90	18 000	1 620 000
Coûts fixes directs			1 840 000
Marge de contribution			– 220 000
Coûts de capacité indirects			440 000
Résultat			– 660 000

Question 3

Point mort		
Coûts de capacité directs	1 840 000	
Marge sur coûts variables	90	
Seuil	20 444	
	À 20 000 unités	À 18 000 unités
Il manque donc une marge sur coûts variables de	40 000	220 000
à laquelle s'ajoutent les coûts indirects	440 000	440 000
Total	480 000	660 000

Question 4

Norme	25 000
Total	1 840 000
Unitaire	74

Ventes	200	18 000	3 600 000
Coût variable	110	18 000	1 980 000
Marge sur coût variable	90	18 000	1 620 000
Coûts de capacité directs absorbés	74	18 000	1 324 800
Marge d'imputation rationnelle	16	18 000	295 200
Coûts de capacité indirects			440 000
CSA	74	7 000	515 200
Résultat			– 660 000

Question 5

On voit que la marge d'imputation rationnelle est positive, ce qui signifie que le produit peut être bénéficiaire (*cf.* calcul du point mort) en terme de contribution. On ne sait pas quelle signification a l'imputation des frais indirects. Si le niveau normal était de 20 000 unités, le coût unitaire de capacité serait de 92 et la marge serait donc négative, ce qui montrerait qu'il n'existe pas de volume permettant de dégager une contribution positive avec les données actuelles.

Société Styx

Thème : imputation rationnelle, homogénéité, acceptation de commande, élasticités prix.

La société Styx construit des systèmes d'alarme vendus à des particuliers (modèle A) et à des entreprises (modèle B). Voici ses prévisions pour l'exercice N.

Prévisions : activité	Modèle A	Modèle B	Total
Quantité produite (unités)	2 300	4 400	
Quantité vendue	2 300	4 400	
Nombre d'unités d'œuvre de fabrication par unité produite (h de main-d'œuvre)	15	21	126 900
Nombre d'unités d'œuvre en commercial par unité vendue (k€ de chiffre d'affaires)	10	14	84 600
Coût matière unitaire (€)	3 400	3 100	21 460 000
Coût main-d'œuvre unitaire (€)	1 500	2 100	12 690 000
Taux de commission sur le CA	5 %	5 %	4 230 000
Prix de vente (€)	10 000	14 000	84 600 000

Prévisions : coûts	Coûts de fabrication		Coûts commerciaux		Coûts administratifs		Total
	Variables	Coûts de capacité	Variables	Coûts de capacité	Variables	Coûts de capacité	
Coûts directs							
Matière	21 460 000						21 460 000
Main-d'œuvre		12 690 000					12 690 000
Commissions			4 230 000				4 230 000
Coûts indirects							
Montant total	34 263 000	53 932 500	338 400	4 399 200		8 766 600	101 699 700
Total par colonne	55 723 000	66 622 500	4 568 400	4 399 200		8 766 600	140 079 700
Unité d'œuvre	L'heure de main-d'œuvre		Le k€ de CA		Aucune n'a été définie et ces frais ne peuvent être répartis entre les produits		

Question 1. Présentez le compte de résultat prévisionnel de la société Styx de manière à faire ressortir les contributions de A et B.

Question 2. Le mauvais résultat du modèle A est-il dû à une insuffisance de volume vendu ou est-il structurel ?

Les installations existantes permettent de travailler 157 500 heures par an.

Question 3. Présentez le calcul du résultat en imputation rationnelle et en faisant apparaître la contribution de chaque produit sachant que la main-d'œuvre actuelle est en plein-emploi (ce qui veut dire qu'il faudrait embaucher pour fonctionner à 157 500 heures alors que les autres coûts de capacité, eux, ne changeraient pas).

La fabrication est une activité qui comprend les opérations suivantes :

– assemblage des composants d'un sous-ensemble (dont le coût est fonction du temps de main-d'œuvre nécessaire) ;

– soudage des composants (dont le coût est fonction du nombre de composants à monter) ;

– contrôle qualité (dont le coût est fonction du nombre de sous-ensembles à contrôler) ;
– emballage (dont le coût est fonction du nombre de sous-ensembles à emballer).

Les modèles A et B répondent aux caractéristiques suivantes :

	Modèle A	**Modèle B**
Temps d'assemblage des composants d'un sous-ensemble (h)	15	21
Nombre de composants par sous-ensemble	32	?
Nombre de sous-ensembles par appareil	14	?

Question 4. Quels devraient être le nombre de composants et le nombre de sous-ensembles de B pour que l'unité d'œuvre de l'assemblage puisse valablement être l'heure de main-d'œuvre ?

La société Styx a reçu une proposition de la compagnie Maufra, importateur italien, qui lui achèterait 2 500 appareils de modèle A par an au prix de 8 500 €. L'importateur prendrait à sa charge l'intégralité des opérations commerciales et Styx n'assurerait donc qu'une pure et simple fabrication. On admettra que le volume prévisionnel de fabrication de B ne saurait être remis en cause par cette commande.

Question 5. Si on suppose que le programme de travail de Styx donné initialement correspond à des prévisions quasi certaines de commandes, est-il bon pour Styx d'accepter la proposition de Maufra ? Votre avis est-il le même si cette commande doit devenir récurrente ?

Le directeur du marketing de Styx se demande s'il ne serait pas avisé de baisser le prix du modèle 1 de 2 %.

Question 6. À quelle condition cette décision augmenterait-elle le bénéfice de Styx ?

Corrigé

Question 1

Prévisions : coûts	Coûts de fabrication		Coûts commerciaux		Coûts administratifs		Total
	Variables	**Coûts de capacité**	**Variables**	**Coûts de capacité**	**Variables**	**Coûts de capacité**	
Coûts directs							
Matière	21 460 000						21 460 000
Main-d'œuvre		12 690 000					12 690 000
Commissions			4 230 000				4 230 000
Coûts indirects							
Montant total	34 263 000	53 932 500	338 400	4 399 200		8 766 600	101 699 700
Total par colonne	55 723 000	66 622 500	4 568 400	4 399 200	0	8 766 600	140 079 700
Unité d'œuvre	L'heure de main-d'œuvre		Le k€ de CA		Aucune n'a été définie		
Nombre d'unités d'œuvre prévu	126 900		84 600				
Coût indirect prévu par unité d'œuvre	270,00	425,00	4,00	52,00			

Compte de résultat prévisionnel	**Modèle A**	**Modèle B**	**Total**
Ventes	23 000 000	61 600 000	84 600 000
– Coûts de fabrication directs			
Variables	7 820 000	13 640 000	21 460 000
De capacité	3 450 000	9 240 000	12 690 000
– Coûts de fabrication indirects			
Variables	9 315 000	24 948 000	34 263 000
De capacité	14 662 500	39 270 000	53 932 500
– Coûts commerciaux directs			
Variables	1 150 000	3 080 000	4 230 000
Coûts commerciaux indirects			
Variables	92 000	246 400	338 400
De capacité	1 196 000	3 203 200	4 399 200
= Marge	– 14 685 500	– 32 027 600	– 46 713 100
– Coûts administratifs			8 766 600
= Résultat			– 55 479 700

Question 2

	Montant global		**Montant unitaire**	
	A	**B**	**A**	**B**
Marge sur coûts variables	4 623 000	19 685 600	2 010	4 474
Coûts de capacité	19 308 500	51 713 200	8 395	11 753
Résultat	– 14 685 500	– 32 027 600	– 6 385	– 7 279

Le résultat de A est donc dû à un volume insuffisant.

La marge sur coûts variables unitaire étant positive, une augmentation des volumes permettrait de couvrir les coûts de capacité…

Question 3

Première étape : il faut retraiter les coûts indirects de fabrication

	Coûts de fabrication	
	variables	**de capacité**
Montant	**34 263 000**	**53 932 500**
Capacité en heures de MO (N)		157 500
Nombre d'UO prévu (n)	126 900	
F/N		342,43[a]
V/n	270[b]	
Pour A	**9 315 000**	**11 813 786**
Pour B	**24 948 000**	**31 640 400**
Sous-activité		**10 478 314**
Total	34 263 000	53 932 500

a. *(53 932 500 / 157 500)*
b. *(34 263 000 / 126 900)*

Puis le compte de résultat :

Compte de résultat prévisionnel	**Modèle A**	**Modèle B**	**Total**
Ventes	23 000 000	61 600 000	84 600 000
– Coûts de fabrication directs			
Variables	7 820 000	13 640 000	21 460 000
De capacité	3 450 000	9 240 000	12 690 000
– Coûts de fabrication indirects			
Variables	9 315 000	24 948 000	34 263 000
De capacité	**11 813 786**	**31 640 400**	**43 454 186**
– Coûts commerciaux directs			
Variables	1 150 000	3 080 000	4 230 000
Coûts commerciaux indirects		0	0
Variables	92 000	246 400	338 400
De capacité	1 196 000	3 203 200	4 399 200
= Marge	– 11 836 786	– 24 398 000	– 36 234 786
– Coûts administratifs			8 766 600
– Coût de sous-activité			**10 478 314**
= Résultat			– 55 479 700

Question 4

Observe-t-on l'homogénéité, *i.e.* l'équiproportionnalité des coûts ? Dans ce cas, les coûts ne présentent pas cette caractéristique (cf. calcul ci-dessous), ce qui exclut l'homogénéité au sein du périmètre.

	A	B
Temps d'assemblage des composants	15	21
Nombre de composants par sous-ensemble	32	44,8
Nombre de sous-ensembles par appareil	14	19,6

Question 5

Les coûts qui reviennent à cette commande s'analysent ainsi :

		Coût variable	Coût fixe en IR	Coût d'opportunité
Capacité disponible	30 600			
Soit, nombre de A	2 040	16 299 600	862 920	
La commande de 2 500 fait refuser en outre	460			4 600 000
Coût variable et d'opportunité	20 899 600			
CA	21 250 000			
Marge sur coût variable	**350 400**			
Coût fixe en IR	862 920			
Résultat	**– 512 520**			

On peut accepter ponctuellement cette commande, mais son coût en imputation rationnelle est supérieur à son prix de vente. Dans une perspective de récurrence, elle est déficitaire.

Si on remplace le coût d'opportunité des 460 A par leur coût, on a :

3 675 400	Coût variable
194 580	Coût fixe en IR
3 869 980	Total
730 020	Écart avec le coût d'opportunité

...et la commande devient acceptable. Mais c'est bien le coût d'opportunité qui révèle la réelle profitabilité de cette commande.

Le résultat est donc acceptable, à condition que la commande ne soit pas récurrente. Si, pour accepter la commande, on doit rogner sur des commandes existantes, il faut facturer 460 au prix de vente. Si de la capacité de production se libérait, on pourrait recalculer la marge apportée par Maufra.

Question 6

Il faut, si on suppose que les coûts de capacité restent stables, que la marge sur coûts variables progresse.

Ancienne marge/CV	19 685 600	
Ancienne marge unitaire	4 474	
Réduction de prix	280	
Nouvelle marge unitaire	4 194	*(19 685 600 / 4 194)*
Quantité critique à vendre	4 694	
Soit une progession de	294	
Soit	6,26 %	

Chapitre 7

L'aide au pilotage à court terme

Exercice de réflexion

Pensez-vous que la procédure de comptabilisation suivante soit bien adaptée aux critères de qualité d'une comptabilité en coûts préétablis ?

Stock de matières	
Entrées au coût réel d'achat	

Ateliers utilisateurs (un compte par atelier)	
Sorties au prix préétabli des quantités réelles	Idem

Résultat	
Idem	CA

Puis calcul extra-comptable, par comparaison entre les coûts matières ainsi comptabilisés et les coûts standard matières des produits vendus.

Corrigé

Cette procédure donne des stocks incohérents puisque valorisés selon deux systèmes de prix. Elle ne permet pas de connaître les écarts de prix, ni de les connaître rapidement. Elle devrait intégrer la détection des écarts de rendement, qui ne sont identifiés que tardivement, sur les seuls produits vendus, et sans doute impossibles à localiser quant à leurs causes.

Société Galaxy

Thème : centre de responsabilité, calcul d'écarts.

La société Galaxy fabrique et conditionne une crème à usage cosmétique. Elle est organisée en deux sites de production et de conditionnement : l'usine de Nancy, qui fabrique le « *bulk* », c'est-à-dire la crème de soin en grande quantité dans des containers et l'usine de Metz, qui conditionne le *bulk* livré par Nancy dans divers conditionnements (pots, tubes…). L'usine de Nancy est responsable de ses approvisionnements et de son cycle de production. Cette crème de soin est l'unique produit fabriqué par Galaxy.

Question 1. De quel type de centre de responsabilité l'usine de Nancy est-elle le plus proche ?

Galaxy utilise un système de comptabilité en coûts préétablis. Dans les hypothèses budgétaires pour N, la société avait prévu de se procurer une matière première Lipox au coût unitaire de 35 € la tonne et d'en acheter 1,1 tonne, de manière à fabriquer 220 000 unités de pots de crème, pour lesquelles les normes prévoient une consommation unitaire de 5 g de matière Lipox.

L'analyse du réel montre que 1,1 tonne a été achetée au prix de 38 € la tonne et que seules 198 000 unités ont été produites. En moyenne, chaque unité a demandé 5,2 g de matière Lipox.

Question 2. Montrez, par une représentation des flux dans les comptes en T, comment le système comptable de Galaxy fait ressortir les écarts concernant Lipox.

Corrigé

Question 1

Dans la mesure où l'usine gère ses approvisionnements et son cycle de production, elle n'est responsable que de ses coûts. C'est donc un centre de coûts (pas de gestion de son chiffre d'affaires ou de ses investissements par exemple).

Question 2

Réel	198 000	5,20	1 029 600 ou 1,0296 tonne
Préétabli	198 000	5,00	990 000 ou 0,99 tonne
Standard	220 000	5,00	1 100 000 ou 1,1 tonne

Achats	
41,80	38,50 écart sur prix – 3,30

Stocks	
38,50	34,65

Production	
34,65 écart sur rendement 1,386	36,036

NOTE DE RÉFLEXION

« Une petite entreprise de pulls disposait d'un système simple de calcul de coûts. Quand elle produisait un nouveau modèle, ce qui arrivait rarement, une douzaine d'exemplaires étaient pesés, ce qui permettait de connaître la consommation de laine. Le poids de la laine était multiplié par le coût au kilo (il y avait très peu de déchet). Le président connaissait par cœur le coût total de la main-d'œuvre par jour car il n'y avait que 10 ouvriers. Un seul type de pull était fabriqué à la fois. De cette façon, le coût en main-d'œuvre d'une douzaine de pulls pouvait être déterminé par une simple division. On imputait un pourcentage forfaitaire pour tenir compte des coûts indirects, très bas dans ce cas, et les coûts totaux par douzaine étaient ainsi connus. Pour les lancements suivants de ce type de modèle, on retenait le même poids en matières, car l'expérience avait montré que les variations étaient très faibles. Les coûts en main-d'œuvre étaient recalculés comme dit précédemment. Les variations en frais indirect étaient trop faibles pour avoir un véritable effet. Tout cela ne demandait que quelques secondes. [...] Un grand nombre des entreprises que nous avons visitées avaient un système de ce genre. [...] Deux présidents nous ont dit qu'ils avaient été surpris de découvrir des exercices déficitaires en comptabilité générale alors que les calculs de prix de vente menés sur cette base de coût laissaient penser que tout allait bien. »

Lawler P.F. (1947), « A Note on Control in Small Businesses », *The Accounting Review*, vol. 25, n° 4, p. 522.

Question 1. À quelles conditions ce système peut-il être employé de façon fiable ?

Question 2. Quels sont ses dangers ?

Question 3. Diriez-vous qu'il s'agit d'une comptabilité en coûts préétablis ?

Question 4. Que pourrait-on faire pour limiter les risques de cette méthode de façon simple ?

Question 5. Faudrait-il changer quelque chose à ce système simple si l'entreprise fabriquait plusieurs modèles en même temps ?

Corrigé

Question 1

Les conditions sont les suivantes :

• Matières premières :

– Pour que la quantité soit bonne il faut peu de déchet (vérifié),

– Quant au prix il faut le surveiller.

• Main-d'œuvre directe :

– Pour que le coût horaire soit égal au coût horaire de la main-d'œuvre de l'entreprise en général (10 ouvriers), il faut que l'équipe soit de même composition que celle de l'ensemble du personnel.

– On calcule un coût par jour, il faut qu'il soit stable (congés payés étalés).

– Quid de l'effet d'expérience ?

– Quid de *l'effet taille de série* (ABC) : si le temps mesuré comprend plusieurs opérations non homogènes (type : réglage des machines, fonctionnement), la mesure sur une série de douze exagère le coût unitaire car le temps fixe par série pèse lourd.

• Coûts indirects :

– Le coefficient est inconnu : par rapport à quoi ? Quelle homogénéité ? Mais si ces coûts sont très bas la marge d'erreur peut être négligeable.

– La stabilité du coefficient suppose qu'il soit calculé sur un niveau d'activité représentatif (type imputation rationnelle) et que le montant total de ces coûts indirects soit stable (vérifié).

Question 2

Le principal danger tient au fait que la dérive dans une des composantes du coût de la présérie restera inaperçue tant qu'il n'y aura pas de rapprochement avec la comptabilité générale.

Question 3

Une comptabilité en coûts préétablis ressemble à celle-ci, quoi qu'ici on tienne compte du temps de main-d'œuvre réel semble-t-il, mais elle présente deux différences :

– les normes sont des objectifs et elles ne sont pas fixées sur une présérie ;

– le réel est rapproché du préétabli et des écarts sont tirés.

Question 4

Il faut tester régulièrement la qualité des normes, ou franchement passer à un système en coûts préétablis, mais c'est alors autre chose qu'un système simple. Une technique simple de test consiste à reconstituer des charges de la comptabilité générale à partir de la comptabilité analytique (coût unitaire utilisé multiplié par quantité).

Question 5

Les coûts de main-d'œuvre pourraient être différents d'une production à l'autre et l'imputation des indirects devrait être ajustée (type sections homogènes, la section pouvant être en fait le produit).

Société Luz

Thèmes : finalités de l'organisation comptable.

La société Luz a simplifié sa comptabilité en utilisant des coûts préétablis à certaines étapes de son cycle comptable. Les matières premières qu'elle achète sont enregistrées pour leur coût réel en inventaire permanent et elles sont « vendues » par l'entrepôt (prix de cession interne) aux ateliers lorsque ceux-ci en ont besoin. Le prix de cession interne est le coût préétabli de la matière. Il est fondé sur un coût d'achat préétabli pour l'année d'après les prévisions budgétaires, et sur une quantité standard à consommer prédéterminée chaque année pour chacune des fabrications des ateliers (la gamme de produits est très stable). Les salaires de fabrication sont pratiquement fixes à régime permanent et ils sont imputés aux ateliers pour leur montant mensuel réel. Chaque atelier « vend » aux stocks de produits finis sa production au coût de fabrication semi-réel qui résulte de cette procédure (semi-réel, puisque le coût à la sortie d'un atelier comprend les matières valorisées à un prix de cession interne et les autres coûts pris pour leur montant réel). Ce coût semi-réel est un coût complet car il comprend une allocation de frais indirects (tous les coûts en dehors des salaires et matières de fabrication déjà évoqués) effectuée proportionnellement au temps de main-d'œuvre. Chaque produit, au long de son cycle de fabrication de 2 mois en moyenne, passe par plusieurs ateliers auxquels est identiquement appliqué le principe décrit. Au moment de la vente, chaque produit est ôté du stock (inventaire permanent) pour son coût préétabli « complet » (matières, main-d'œuvre, frais indirects) tel qu'il résulte des données budgétées, ce qui permet de calculer un résultat mensuel par produit. Le compte de résultat mensuel regroupe ces résultats de produits et les soldes éventuels de tous les comptes d'ateliers. Cette procédure peut se résumer comme l'indique le schéma 1.

Schéma 1

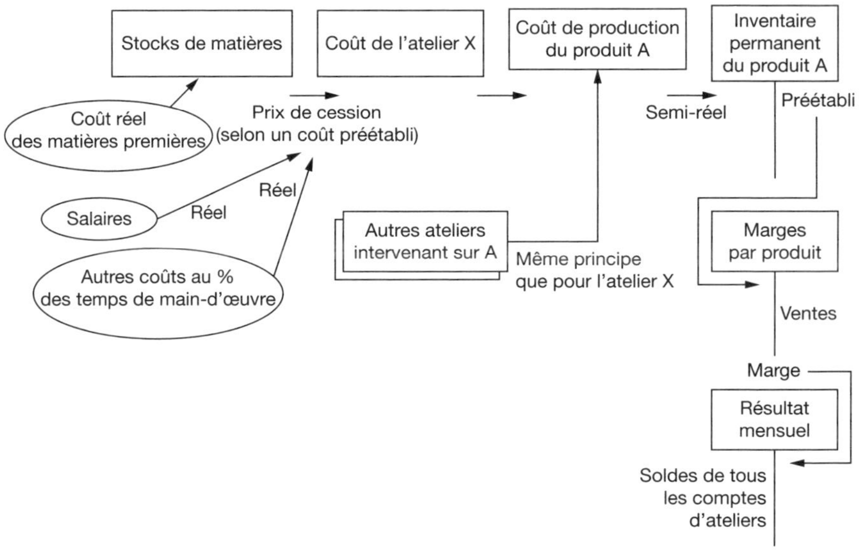

Question 1. Ce système permet-il de mesurer la performance des ateliers ? Pourquoi ?

Question 2. Ce système permet-il d'alerter la direction de l'entreprise sur les « dérapages » éventuels des coûts afin qu'elle puisse identifier des décisions correctives appropriées ? Pourquoi ?

Question 3. À quelle condition l'imputation des « autres coûts » au prorata des temps de main-d'œuvre pourrait-elle constituer une modalité de calcul des coûts des produits et des ateliers mathématiquement acceptable ?

Corrigé

Question 1

Non, parce que :

– les écarts de rendement sur consommation de matières ne sont connus que par produit, or (texte et schéma) chaque produit implique l'intervention de plusieurs ateliers ;

– il est impossible de distinguer les diverses causes d'écarts sur les postes autres que la matière ;

– rien ne dit que la performance des ateliers doive être mesurée par les coûts, surtout après imputation de charges indirectes au prorata des temps.

Question 2

Non, parce que :

– les écarts sont connus au moment de la sortie du stock de produits finis (sauf prix matières) et il peut être trop tard compte tenu du cycle de fabrication de deux mois ;

– l'analyse des écarts est impossible en raison de l'absence du filtrage de leurs causes.

Question 3

Il faudrait que ces « autres coûts » soient *homogènes à la main-d'œuvre*, donc qu'ils se comportent comme elle au moins dans le long terme.

Société Navarre

Thème : organisation comptable.

Dans une entreprise industrielle, la société Navarre, les coûts préétablis sont utilisés et le plan comptable interne est organisé selon le principe suivant :

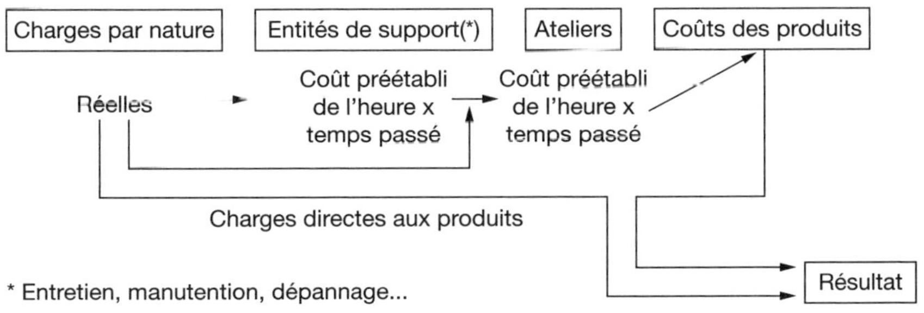

Cette entreprise ne détient jamais de stock.

Question 1. Quels commentaires cette organisation vous inspire-t-elle ?

Question 2. Quelles modifications proposeriez-vous à cette entreprise ?

Corrigé

Question 1

Les temps préétablis devraient être imputés aux ateliers, de même aux produits. Les charges directes réelles sont imputées au résultat sans repérage de l'écart.

Question 2

Il faudrait :

– filtrer les écarts sur prix avant d'imputer les charges aux entités,

– facturer (ou imputer) en interne selon des temps standard pour identifier les performances.

Chapitre 8

Le calcul du résultat

SOCIÉTÉ CATA

Thème : identification des méthodes avec stockage.

Soucieux de rendre votre rapport dans les délais au manager du cabinet de conseil Pile ou Face pour lequel vous travaillez, vous emportez chez vous le dossier de la société CATA. Il vous reste à analyser les comptes internes de résultat de cette société établis selon deux méthodes entre lesquelles ses dirigeants hésitent. L'une est préconisée par le contrôleur de gestion alors que l'autre a les faveurs des commerciaux. Le manager de P/F vous a demandé de vérifier la cohérence de chacun des deux calculs en vue de la discussion qui doit avoir lieu lundi matin avec le client. Malheureusement, dans la nuit de samedi vers 3 h, alors que vous analysez ces chiffres, vous vous endormez sur le dossier et vous renversez le contenu d'une cafetière pleine sur les documents éparpillés sur votre bureau. Il faut absolument reconstituer les chiffres. De plus, vous ne savez plus quelle méthode (A ou B) est préconisée par qui. Voici ce qui reste lisible :

Méthode A

Main-d'œuvre de production	28 415
Coût d'achat des matières achetées	A ?
Stock initial d'en-cours	1 250
Stock final d'en-cours	2 585
Stock initial de matières	2 560
Stock final de matières	250
Frais de capacité absorbés en production (hors matières et main-d'œuvre)	B ?
Stock initial de produits finis	12 580
Stock final de produits finis	2 350
Frais d'achat des matières (entièrement variables)	1 250
Coût de production des ventes	87 800
Coûts commerciaux	C ?
Coût d'achat des matières consommées	D ?
Frais administratifs	12 350
Coût de production des produits finis terminés pendant la période	E ?
Frais variables de fabrication (hors matières et main-d'œuvre)	13 660
Coût de sous-activité (coûts de production)	F ?
Bénéfice	12 550
Coûts de capacité en production	G ?
Coefficient d'activité en production	80 %
Achats de matières premières	24 250
Ventes	122 500

Méthode B

Main-d'œuvre de production (coût variable ici)	H ?
Coût d'achat des matières achetées	I ?
Stock initial d'en-cours	J ?
Stock final d'en-cours	1 110
Stock initial de matières	2 560
Stock final de matières	250
Coûts de période (il s'agit des coûts de capacité en production, hors matières et main-d'œuvre)	K ?
Stock initial de produits finis	L ?
Stock final de produits finis	1 990
Frais d'achat des matières	1 250
Coût de production des ventes	78 950
Coûts commerciaux	M ?
Coût d'achat des matières consommées	N ?
Frais administratifs	12 350
Coût de production des produits finis terminés pendant la période	69 765
Frais variables de fabrication (hors matières et main-d'œuvre)	O ?
Bénéfice	P ?
Coûts de capacité en production	Q ?
Achats de matières premières	24 250
Ventes	122 500

Les deux méthodes reposant sur des principes différents, certains stocks ne sont pas évalués pour le même montant dans chacun des deux cas.

Question 1. Vous reconstituez les soldes qui manquent.

Question 2. Quelles sont, d'après vous, les méthodes A et B ?

Question 3. Quelle est celle pour laquelle le résultat comptable est le moins dépendant des fluctuations relatives de la production et de la vente ?

Corrigé

Question 1

Méthode A : imputation rationelle

Inventaire des matières			
Stock initial de matières	2 560	Stock final de matières	250
Achats de matières	24 250	Coût d'achat des matières consommées	27 810
Frais d'achat des matières	1 250		
Total	28 060	Total	28 060

Inventaire des en-cours			
Stock initial des en-cours	1 250	Stock final d'en-cours	2 585
Coût d'achat des matières consommées	27 810	Coût de production des produits finis terminés pendant la période	77 570
Frais variables de fabrication (hors matières et main-d'œuvre)	13 660		
Frais de capacité absorbés (hors matières et main-d'œuvre)	9 020		
Main-d'œuvre de production	28 415		
Total	80 155	Total	80 155

Inventaire des produits finis			
Stock initial des produits finis	12 580	Stock final de produits finis	2 350
Coût de production des produits finis terminés pendant la période	77 570	Coût de production des ventes	87 800
Total	90 150	Total	90 150

Résultat			
Coût de production des ventes	87 800	Ventes	122 500
Coûts commerciaux	7 545		
Frais administratifs	12 350		
Coût de sous-activité (coûts de production)	2 255		
Bénéfice	12 550		
Total	122 500		122 500

Main-d'œuvre de production	28 415	
Coût d'achat des matières achetées	A ?	25 500
Stock initial d'en-cours	1 250	
Stock final d'en-cours	2 585	
Stock initial de matières	2 560	
Stock final de matières	250	
Frais de capacité absorbés en production (hors matières et main-d'œuvre)	B ?	9 020
Stock initial de produits finis	12 580	
Stock final de produits finis	2 350	
Frais d'achat des matières (entièrement variables)	1 250	
Coût de production des ventes	87 800	
Coûts commerciaux	C ?	7 545
Coût d'achat des matières consommées	D ?	27 810
Frais administratifs	12 350	
Coût de production des produits finis terminés pendant la période	E ?	77 570
Frais variables de fabrication (hors matières et main-d'œuvre)	13 660	
Coût de sous-activité (coûts de production)	F ?	2 255
Bénéfice	12 550	
Coûts de capacité en production	G ?	11 275
Coefficient d'activité en production	80 %	
Achats de matières premières	24 250	
Ventes	122 500	

Méthode B : direct costing

Inventaire des matières			
Stock initial de matières	2 560	Stock final de matières	250
Achats de matières	24 250	Coût d'achat des matières consommées	27 810
Frais d'achat des matières	1 250		
Total	28 060	Total	28 060

Inventaire des en-cours			
Stock initial des en-cours	990	Stock final d'en-cours	1 110
Coût d'achat des matières consommées	27 810	Coût de prodution des produits finis terminés pendant la période	69 765
Frais variables de fabrication (hors matières et main-d'œuvre)	13 660		
Main-d'œuvre de production	28 415		
Total	70 875	Total	70 875

Inventaire des produits finis			
Stock initial des produits finis	11 175	Stock final de produits finis	1 990
Coût de prodution des produits finis terminés pendant la période	69 765	Coût de production des ventes	78 950
Total	80 940	Total	80 940

Résultat			
Coût de production des ventes	78 950	Ventes	122 500
Coûts commerciaux	7 545		
Frais administratifs	12 350		
Coûts de capacité de la période	11 275		
Bénéfice	12 380		
Total	122 500		122 500

	Donné	Peut être tiré des calculs précédents	À calculer
Main-d'œuvre de production (coût variable ici)	H ?	28 415	
Coût d'achat des matières achetées	I ?	25 500	
Stock initial d'en-cours	J ?		990
Stock final d'en-cours	1 110		
Stock initial de matières	2 560		
Stock final de matières	250		
Coûts de période (il s'agit des coûts de capacité en production, hors matières et main-d'œuvre)	K ?	11 275	
Stock initial de produits finis	L ?		11 175
Stock final de produits finis	1 990		
Frais d'achat des matières	1 250		
Coût de production des ventes	78 950		
Coûts commerciaux	M ?	7 545	
Coût d'achat des matières consommées	N ?	27 810	
Frais administratifs	12 350		
Coût de production des produits finis terminés pendant la période	69 765		
Frais variables de fabrication (hors matières et main-d'œuvre)	O ?	13 660	
Bénéfice	P ?		12 380
Coûts de capacité en production	Q ?	11 275	
Achats de matières premières	24 250		
Ventes	122 500		

Question 2

La méthode A est l'imputation rationnelle, la méthode B est le direct costing.

Question 3

La méthode la moins sensible est le direct costing.

SOCIÉTÉ AVOU

Thème : impact du stockage des coûts de capacité sur les résultats.

En octobre N, le résultat de la société Avou, qui fabrique un seul produit, était le suivant :

	Quantités	Montants unitaires	Totaux
Ventes	800	1 000	800 000
Coûts variables des ventes	800	250	200 000
Marge sur coûts variables	800	750	600 000
Coûts de capacité absorbés	800	600	480 000
Marge	800	150	120 000
Coûts de sous-activité	0	600	0
Résultat	800	150	120 000

En novembre, malgré une progression des ventes et un maintien des coûts, le résultat s'est effondré :

	Quantités	Montants unitaires	Totaux
Ventes	900	1 000	900 000
Coûts variables des ventes	900	250	225 000
Marge sur coûts variables	900	750	675 000
Coûts de capacité absorbés	900	600	540 000
Marge	900	150	135 000
Coûts de sous-activité	225	600	135 000
Résultat	900	0	0

Tous les coûts de capacité sont supposés être des coûts de production.

Question 1. D'après vous, que s'est-il passé ?

Question 2. Vous apprenez que les coûts de capacité s'élèvent à 600 000 €. Quelles précisions supplémentaires cela vous permet-il d'apporter à votre diagnostic de la question précédente ?

Corrigé

Question 1

En octobre, on produit à 100 % (mais rien ne prouve que l'on a produit ce qui est vendu !). En novembre, on a accru la sous-activité (225 unités), peut-être parce que la société a fait progresser ses ventes en puisant sur le stock. Le coût supplémentaire de sous-activité couvre et au-delà la marge sur coûts variables supplémentaire.

Question 2

Le niveau normal d'activité est donc de 1 000 unités. En octobre on a produit 1 000 et vendu 800, en novembre on a produit 775 (CSA sur 225 unités) et prélevé donc 900 – 775 = 125 unités sur le stock.

SOCIÉTÉ A

Thème : identification des méthodes avec stockage.

On se trouve en imputation rationnelle. Trouvez les soldes qui manquent.

Consommation de matières premières	255 210
Coût de production des ventes	802 100
Frais de transport sur achats de matières	65 200
Frais variables de production consommés pendant la période	425 985
Résultat	25 125
Achats de matières premières	à déterminer
Ventes	1 355 600
Coût de production des produits terminés pendant la période	à déterminer
Coefficient d'activité (en production)	75,00 %
Frais fixes de production	à déterminer
Frais commerciaux	123 420
Stock initial de produits en-cours	21 200
Stock final de produits en-cours	3 255
Frais fixes de production absorbés	à déterminer
Frais administratifs	à déterminer
Stock initial de matières premières	6 580
Stock final de matières premières	2 580
Stock initial de produits finis	à déterminer
Stock final de produits finis	52 220
Coût de la sous-activité	45 220

On suppose que l'on passe au direct costing et on vous demande de recalculer tous les soldes qui seraient modifiés par ce changement. Pour simplifier, on admettra que les valeurs des différents stocks restent identiques et que les coûts de transport sur achats sont variables. Les frais administratifs sont pris pour la valeur de 360 000 €, le stock initial de produits finis pour 18 900 € et les frais fixes de production, pour 200 000 €.

Corrigé

Question 1

Inventaire des matières		Inventaire des en-cours		Inventaire des produits finis		Résultat	
Stock initial	Consommation	Consommation	Sortie	Entrée	Sortie	Coût de production	Ventes
6 580,00	255 210,00	255 210,00	**834 800,00**	**834 800,00**	802 100,00	802 100,00	1 355 600,00
Achats	Stock final	Frais variables	Stock final	Stock initial	Stock final	Frais commerciaux	
186 010,00	2 580,00	425 985,00	3 255,00	**19 520,00**	52 220,00	123 420,00	
Coût du transport		Frais fixes abs.		854 320,00	854 320,00	Frais administratifs	
sur achats		**135 660,00**				**359 735,00**	
65 200,00		Stock initial				CSA	
257 790,00	257 790,00	21 200,00				45 220,00	
	Frais fixes	838 055,00	838 055,00			Résultat	
	180 880,00					25 125,00	
						1 355 600,00	1 355 600,00

Question 2

Inventaire des matières		Inventaire des en-cours		Inventaire des produits finis		Résultat	
Stock initial	Consommation	Consommation	Sortie	Entrée	Sortie	Coût de production	Ventes
6 580,00	255 210,00	255 210,00	**699 140,00**	699 140,00	**665 820,00**	665 820,00	1 355 600,00
Achats	Stock final	Frais variables	Stock final	Stock initial	Stock final	Frais commerciaux	
186 010,00	2 580,00	425 985,00	3 255,00	18 900,00	52 220,00	123 420,00	
Coût du transport		Frais fixes abs.		718 040,00	718 040,00	Frais administratifs	
sur achats		0,00				360 000,00	
65 200,00		Stock initial				Frais fixes	
257 790,00	257 790,00	21 200,00				200 000,00	
	Frais fixes	702 395,00	702 395,00			Résultat	
	200 000,00					6 360,00	
						1 355 600,00	1 355 600,00

SOCIÉTÉ PAVILLON

Thème : différence de résultats entre méthodes dues au stockage.

Voici les données synthétiques des coûts de la société Pavillon, qui ne fabrique qu'un seul produit.

	Coût variable à l'unité, produite ou vendue selon le cas, par unité (EUR)	**Coût mensuel de capacité (EUR)**	**Niveau normal d'activité**
Production	65	282 500	500 unités
Commercial	25	35 400	Non défini
Administration	3	12 200	Non défini

Le prix de vente est de 850 €.

Question 1. Quel est le point mort ?

Voici le compte de résultat de novembre :

	Quantité	**Montant unitaire**	**Total**
Ventes	420	850,00	357 000,00
Coût de production	420	679,13	285 234,78
Marge sur coût de production	420	170,87	71 765,22
Coûts commerciaux	420	109,29	45 900,00
Coûts administratifs	420	32,05	13 460,00
Résultat	420	29,54	12 405,22

Question 2. Quel est le volume de production de novembre (il n'y a aucun stock en début de mois) ?

Question 3. Quel serait le résultat de novembre selon le direct costing ? Expliquez la différence avec les données précédentes.

Question 4. Quel serait le résultat en imputation rationnelle ? Expliquez la différence avec les calculs précédents.

Question 5. Quel devrait être le niveau de production de novembre pour qu'au chiffre d'affaires de ce mois corresponde un bénéfice nul, selon les calculs d'imputation rationnelle ?

Corrigé

Question 1

Le point mort est :

Coûts de capacité	330 100,00
Marge sur coûts variables	757,00
Point mort	**436,06**

Question 2

On est en coût complet. On constate que les coûts de production unitaires « fixes » correspondent à une production de **460 unités**.

Question 3

En direct costing le résultat serait :

Ventes	357 000,00
Coûts variables	39 060,00
Marge sur coûts variables	317 940,00
Coûts de capacité	330 100,00
Résultat	**– 12 160,00**
Écart	**– 24 565,22**

L'écart correspond aux coûts de capacité imputés aux stocks en coût complet :

Analyse des coûts de production				**Capacité**	**Variables**	**Total**
Aux ventes	679,13	420,00	285 234,78	257 934,78	27 300,00	285 234,78
Aux stocks	679,13	40,00	27 165,22	24 565,22	2 600,00	27 165,22
			312 400,00	282 500,00	29 900,00	312 400,00

Question 4

En imputation rationnelle, le résultat serait :

	Variable	**Capacité**
Coût unitaire de production	65,00	565,00
Coût de sous-activité pour une production de 460 unités		22 600,00

	Quantité	Unitaire	Montant
Ventes	420,00	850,00	357 000,00
Coût de production absorbé	420,00	630,00	264 600,00
Coûts commerciaux	420,00	109,29	45 900,00
Coûts administratifs	420,00	32,05	13 460,00
Marge	420,00	78,67	33 040,00
Coût de sous-activité	40,00	565,00	22 600,00
Résultat	**420,00**		**10 440,00**

L'écart des résultats correspond toujours au stockage de coûts de capacité. On peut le montrer en partant du direct costing ou du coût complet *au choix* :

Résultat en direct costing	– 12 160,00
Résultat en imputation rationnelle	10 440,00
Écart	22 600,00
Coûts de capacité imputés aux stocks en imputation rationnelle	22 600,00

Résultat en coût complet	12 405,22
Résultat en imputation rationnelle	10 440,00
Écart	– 1 965,22
Coûts de capacité stockés en coût complet	24 565,22
Coûts de capacité stockés en imputation rationnelle	22 600,00
Écart	– 1 965,22

Question 5

Pour que le résultat de novembre soit nul en imputation rationnelle, **il faut que le coût de sous-activité soit égal à la marge d'imputation rationnelle, soit ici 33 040 €**.

On peut alors déterminer le niveau d'activité auquel correspond ce coût de sous-activité :

Coût de sous-activité	33 040,00
Taux unitaire de coûts de capacité	565,00
Niveau de la sous-activité	**58,48**

Il faudrait donc que le niveau de production soit de 500 – 58,48 = 441,52 unités. Donc environ 442 unités, alors que la production est de 460. On peut vérifier que les 460 – 441,52 = 18,48 unités supplémentaires absorbent 10 440 € de coûts de capacité, ce qui correspond bien au résultat constaté en imputation rationnelle.

SOCIÉTÉ B

Thème : différence de résultats entre méthodes dues au stockage.

Voici un compte de résultat en imputation rationnelle. L'imputation rationnelle n'est appliquée qu'aux charges de fabrication et pas aux charges commerciales. Il n'y a pas de stock de produit en début de période. On a produit 3 200 unités. On fabrique un unique produit.

Question 1. Quel est le montant total des coûts de capacité en fabrication ?

Question 2. Quel serait le résultat en direct costing ?

Question 3. Expliquez l'écart entre ce résultat et celui que donne l'imputation rationnelle.

Question 4. Quel est le point mort ?

Question 5. Si l'on calcule à présent le résultat en coût complet, à quel niveau de fabrication faudrait-il fonctionner pour afficher un résultat nul tout en ne vendant que 2 500 unités ?

Corrigé

Question 1

Les coûts de sous-activité représentent 100 000/125 = **800** unités de produit. La capacité est donc de **4 000** unités. Les coûts de capacité sont de 4 000 × 125 = **500 000 €**.

Question 2

On aurait :

	Quantités	Montant unitaire	Montant
Ventes	2 500	300	750 000
Coûts de production variables	2 500	85	212 500
Marge sur coûts variables			537 500
de production	2 500	215	
Coûts de distribution variables	2 500	28	70 000
Marge sur coûts variables	2 500	187	467 500
Coûts fixes de production	2 500		500 000
Coûts de distribution fixes	2 500	42	105 000
Coûts administratifs fixes	2 500	12	30 000
Résultat	2 500	– 67	– 167 500

Question 3

En imputation rationnelle, on stocke 700 unités de produit au coût fixe de production unitaire de 125 €, soit au total 87 500 €. Le résultat diminue de ce montant en direct costing.

Question 4

Le point mort est de :

(500 000 + 105 000 + 30 000)/187 = **3 395 unités.**

Question 5

Il faudrait que les coûts fixes à couvrir par les ventes soient égaux à la marge sur coût variable, soit 467 500 €. Les coûts fixes de production devraient donc être de

467 500 – 105 000 – 30 000 = 332 500 (66,5 % de 500 000),

ce qui suppose de stocker 500 000 – 332 500 = 167 500 €, soit 33,5 %. Il faut donc que les ventes représentent 66,5 % de la production. Les ventes étant de 2 500 unités, il faut produire **3 760 unités**.

Société Pear

Thème : identification des méthodes avec stockage.

Nouvel(le) assistant(e) au cabinet d'audit « Loufiat et cie », vous devez pointer les soldes d'un des dossiers dont vous avez la charge : la société Pear, l'un des spécialistes de la conception de micro-ordinateurs et de logiciels grand public.

L'une de vos premières vérifications consiste à analyser le compte de résultat d'un nouveau produit de la société Pear, l'« Idop », nouvelle génération de baladeurs MP3, pour la période du mois de décembre N, et selon la méthode du direct costing. En effet, les ventes ont dépassé toutes les espérances et l'Idop a été l'un des cadeaux de Noël les plus convoités. En revanche, en production, le taux réel d'activité est de 75 % de la norme, ce qui dégagerait un coût de sous-activité de 25 000 € si l'on appliquait l'imputation rationnelle aux seules charges de production.

Éreinté par la charge de travail que représente ce dossier, vous vous endormez vers minuit sur vos papiers de travail et vous réveillez en sursaut deux heures plus tard, en renversant malencontreusement votre inutile tasse de café sur vos précédents calculs. La perspective d'un affrontement matinal avec votre responsable de mission vous redonne du courage et vous réussissez, après essuyage du café, à pouvoir lire une partie des soldes.

Voici ce qui reste lisible :

Reconstitution du résultat de décembre N, produit IDOP

Achats de composants	2 510
Stock initial de composants	380
Composants consommés	1 870
Coûts variables de production hors matières	56 800
Bénéfice	15 400
Ventes	284 250
Stock initial des en-cours d'IDOP	2 580
Stock final des en-cours d'IDOP	6 980
Stock initial d'IDOP	18 750
Stock final d'IDOP	25 800

En reconstituant le processus de production et de vente, vous calculez :

Question 1. Le stock final de composants ;

Question 2. Le coût de production des produits IDOP terminés ;

Question 3. Le coût de production des ventes d'IDOP de décembre 2006 ;

Question 4. Les coûts administratifs et commerciaux ;

Question 5. Sans procéder à un calcul, indiquez quels seraient, dans le tableau précédent, les soldes qui changeraient si l'on passait du direct costing à l'imputation rationnelle, quel serait le sens de cette évolution et pourquoi.

Corrigé

Question 1

Il faut dans un premier temps calculer le montant total des coûts de capacité de production et celui des coûts absorbés selon le taux de 75 % d'activité réelle.

Coût de sous-activité	25 000 (25 %)
F*n/N (frais absorbés ou imputés)	75 000 (75 %)
F (coûts de capacité de production)	100 000

Le stock final de composants est le suivant :

Stocks de composants			
Achats	2 510	Sorties	1 870
Stock initial	380	Stock final	1 020

Question 2

On déduit de ce qui précède le stock d'en-cours et le coût de production des produits :

Stocks d'en-cours			
Stock initial	2 580	Coût production	54 270
Composants	1 870		
Coûts variables fabrication	56 800	Stock final	6 980

Question 3

Ce qui entraîne le stock de produits finis et le coût de production des ventes :

Stocks de produits finis			
Stock initial	18 750	Coût production des ventes	47 220
Entrées	54 270	Stock final	25 800

Question 4

D'où l'on déduit enfin le compte de résultat et les coûts administratifs et commerciaux :

Résultat			
Coût production ventes	47 220	Ventes	284 250
Coût de capacité production	100 000		
Coûts administratifs	121 630		
Bénéfice	15 400		

Question 5

En imputation rationnelle, tous les stocks seraient majorés, ce qui affecte le bénéfice, le coût de production des ventes et celui des produits finis.

Le bénéfice serait plus élevé car il y aurait sous-activité avec stockage d'en-cours et de produits.

Société Jinxx (suite du chapitre 4)

Thème : analyse des différences de résultats entre méthodes par stockage des coûts de capacité.

La société Jinxx est une société concessionnaire d'une nouvelle mine de kimberlite, située en Islande. Cette société s'occupe à la fois de l'exploitation du minerai et de la taille des gemmes. Le gisement exploité par Jinxx nécessite d'extraire en moyenne une tonne de minerai pour obtenir 0,2 gramme de diamant brut. Ces diamants bruts nécessitent d'être taillés. On obtient en moyenne 0,15 gramme de diamant taillé prêt à la vente à partir de 0,2 gramme de diamant bruts. Les diamants extraits et taillés par Jinxx sont vendus à la CSC (*Central Selling Company*), propriété de la Deux Bières, qui fixe le prix des gemmes et les revend.

En raison de l'exploitation récente de cette nouvelle mine et de la concurrence sud-africaine, Jinxx a besoin de connaître de manière précise les résultats dégagés par la vente des diamants à la CSC. Vous êtes le nouveau contrôleur de gestion de l'exploitation.

Grâce à la grande pureté de cette nouvelle mine islandaise, tous les diamants extraits des roches de kimberlite sont de qualité VVS (*Very Very Small Inclusions*). On vous fournit dans le tableau 1 les données relatives à la fois à l'extraction du minerai et aux ventes prévues à la CSC pour le premier semestre N pour l'ensemble de la société Jinxx.

Tableau 1

Stock initial de gemmes VVS **(grammes)**	5 000
Extraction prévue de kimberlite **(tonnes)**	300 000
Ventes prévues **(grammes de diamant taillé)**	42 000
Prix de vente prévu **(€/gramme de diamant taillé)**	1 500
Coût variable unitaire de fabrication **(€/gramme de diamant taillé)**	500
Coût variable unitaire de commercialisation **(€/gramme de diamant taillé)**	200
Coût de capacité en fabrication (€)	18 000 000
Coût de capacité en distribution (€)	8 000 000

En raison des récentes fluctuations du marché du diamant dues aux diamants de conflits issus de la filière africaine, Jinxx a choisi de valoriser ses stocks actuels de gemmes de catégorie VVS selon la méthode du premier entré, premier sorti (PEPS). Les diamants VVS en stock au 1er janvier N sont valorisés à 1 250 €/gramme de diamant taillé (dont 500 € de charges variables).

Question 1. Quel est le point mort des diamants VVS (en grammes de diamants taillés) ?

Question 2. Si le budget est tenu, quel est le résultat en coût complet de la vente des VVS à la CSC ?

Question 3. Si, pour la production budgétée, les ventes de VVS à la CSC tombent au niveau du point mort, que devient le résultat en coût complet ?

Question 4. Pourquoi ce dernier résultat n'est-il pas nul alors qu'il s'agit du point mort ? Démontrez par le calcul.

Si l'exploitation actuelle de la mine dans son ensemble permet de n'espérer que des diamants de qualité VVS, des fluctuations des rendements du filon et des prix de vente à la CSC, toujours en raison de la part croissante sur le marché de diamants de conflits, sont cependant attendues par Jinxx. Pour cette raison, vous projetez d'utiliser un système de comptabilité en coûts préétablis. L'analyse du réel montre ainsi que l'extraction de kimberlite n'a été que de 290 000 tonnes. Cette extraction a permis d'obtenir un rendement de 0,17 gramme de diamant taillé par tonne de minerai.

Question 5. À partir des hypothèses budgétaires et de l'analyse du réel, montrez par une représentation dans les comptes en T quel est l'écart de rendement sur l'extraction de la kimberlite.

Corrigé

Question 1

Les coûts de capacité sont de 18 000 000 (fabrication) et 8 000 000 (distribution), soit un montant total des coûts de capacité de 26 000 000 €.

Le prix de vente (1 500) et les coûts variables (700) affichent une marge sur coûts variables unitaire de 800.

Soit un point mort de 32 500 grammes (soit 32,5 kg, soit 0,0325 tonnes).

Question 2

Il faut dans un premier temps valoriser les stocks pour pouvoir déterminer le compte de résultat.

Valorisation stocks en peps (premier entré, premier sorti)							
	q	u	total		q	u	total
Stock initial	5 000	1 250	6 250 000	Sorties	5 000	1 250	6 250 000
Entrées	45 000	900	40 500 000		37 000	900	33 300 000
				Total des sorties	42 000		39 550 000
				Stock final	8 000	900	7 200 000
Total	50 000		46 750 000	Total	50 000		46 750 000

Le détail des entrées donne :

Quantités	**Unitaire**	**Total**
45 000	500	22 500 000
		18 000 000
		40 500 000

Compte de résultat en coût complet							
Coût de production des ventes	42 000		39 550 000	Ventes	42 000	1 500	63 000 000
Coûts variables commerciaux	42 000	200	8 400 000				
Coûts de capacité commerciaux			8 000 000				
Total des charges			55 950 000				
Résultat			**7 050 000**				

Question 3

La démarche est la même que précédemment mais, dans ce cas, les ventes sont à modifier au niveau du point mort trouvé en question 1 (soit une quantité de 32 500).

Valorisation des stocks en peps							
	q	u	total		q	u	total
Stock initial	5 000	1 250	6 250 000	Sorties	5 000	1 250	6 250 000
Entrées	45 000	900	40 500 000		27 500	900	24 750 000
				Total des sorties	32 500		31 000 000
				Stock final	17 500	900	15 750 000
Total	50 000		46 750 000	Total	50 000		46 750 000

Le détail des entrées donne

q	u	total
45 000	500	22 500 000 18 000 000 40 500 000

Compte de résultat en coût complet							
Coût de production des ventes	32 500		31 000 000	Ventes	32 500	1 500	48 750 000
Coûts variables commerciaux	32 500	200	6 500 000				
Coûts de capacité commerciaux			8 000 000				
Total des charges			45 500 000				
Résultat			**3 250 000**				

Question 4

Le résultat théorique est nul au point mort ; or on observe un bénéfice de 3 250 000. Ceci est dû au stockage des coûts de capacité. La vérification par le calcul se décompose ainsi :

Coûts de capacité dans le stock initial	3 750 000
Coûts de capacité de la période	18 000 000
Coûts de capacité dans le stock final	7 000 000
Coûts de capacité supportés par les ventes	14 750 000
Écart avec la période	3 250 000

On retrouve bien ici le résultat de 3 250 000.

Question 5

On cherche ici l'écart de rendement, il nous faut donc dans un premier temps établir les variations entre le réel, le préétabli et le budget. L'écart de rendement s'apprécie alors entre le niveau réel et le niveau préétabli.

Réel	290 000	0,17	49 300
Préétabli	290 000	0,15	43 500
Budgété	300 000	0,15	45 000

Rendement			
Consommation		**Préétabli**	
49 300,00	500,00	43 500,00	500,00
	24 650 000,00		21 750 000,00
		soit un écart égal à :	2 900 000,00

SOCIÉTÉ JU JITSU

Thème : comparaison mensuelle des différences de résultats selon imputation rationnelle et direct costing avec stockage, analyse de la divergence des résultats.

La société Ju Jitsu est le leader mondial de la fabrication des écrans plasma. Elle a entamé le renouvellement de sa gamme d'écrans plasma 42 pouces 16/9e, la plus large du marché, avec le lancement d'un nouveau produit, le P42.

Au début du mois de janvier N, le nouveau directeur général de Ju Jitsu, Monsieur Yaka, attendait avec impatience le compte de résultat du mois de décembre N–1 des produits P42. En effet, il savait que le P42 avait été un cadeau de Noël extrêmement convoité et que les ventes de décembre avaient dépassé celles de novembre N–1 de 4 millions d'euros (un écran plasma du type du P42 se vend 3 000 euros hors taxes au distributeur).

Lorsque le contrôleur de gestion de Ju Jitsu, Monsieur Yadesou, lui présenta le compte de résultat des P42 du mois de décembre N–1, Monsieur Yaka faillit s'étrangler : le résultat était nul ! (*cf.* tableau suivant, méthode B). Furieux, Monsieur Yaka invectiva son directeur du contrôle : « Vraiment, vous autres, comptables, faites dire n'importe quoi aux chiffres ! Quand mes ventes augmentent, je veux voir mon résultat augmenter aussi ! ». Monsieur Yadesou, terrorisé, recalcula le résultat selon une autre méthode (*cf.* tableau suivant, méthode A). Le résultat faisait effectivement apparaître un bénéfice en décembre mais, lorsque Monsieur Yadesou recalculait les résultats pour le mois de novembre 2003, les tendances s'inversaient !

Tous les résultats obtenus par le contrôleur selon les deux méthodes (A et B) sont synthétisés dans les tableaux suivants.

Soucieux d'identifier réellement ce qui s'est passé, Monsieur Yadesou a inspecté l'usine de production des P42 et s'est longuement entretenu avec le directeur de la production. Il ressort de ces entretiens que l'activité du mois de novembre a été particulièrement intense en pro-

	méthode A		méthode B	
	nov-n–1	déc-n–1	nov-n–1	déc-n–1
Ventes	14 000 000	18 000 000	14 000 000	18 000 000
Coût de production des ventes	5 200 000	6 150 000	7 500 000	9 700 000
Différence d'imputation sur niveau de production	0	0	– 25 000	2 500 000
Coût de capacité de fabrication	3 500 000	3 500 000	non applicable	non applicable
Marge sur coût de production	5 300 000	8 350 000	6 525 000	5 800 000
Frais de vente	4 000 000	4 500 000	4 000 000	4 500 000
Frais généraux	1 300 000	1 300 000	1 300 000	1 300 000
Résultat du mois	0	2 550 000	1 225 000	0

Postes stocks	Méthode A			Méthode B		
	oct-n–1	nov-n–1	déc-n–1	oct-n–1	nov-n–1	déc-n–1
Stocks P42 fin de mois	19 500 000	19 880 000	17 750 000	28 325 000	29 930 000	25 250 000

duction et que l'on a même légèrement dépassé la capacité. En revanche, en décembre, l'usine a arrêté sa production vers le 15 du mois, en raison des départs en congés de la plupart des employés et du fait que les distributeurs étaient approvisionnés dans les délais requis pour assurer les ventes de Noël.

Question 1. Identifiez (justifiez) les méthodes utilisées par le directeur du contrôle.

Question 2. Reconstituez les comptes de stocks et les comptes de résultats des P42 du mois de décembre selon les deux méthodes. Vous faites clairement apparaître les éléments caractéristiques de chaque méthode.

Question 3. De même, reconstituez les comptes de stocks et les comptes de résultats des P42 du mois de novembre selon les

deux méthodes. Vous faites toujours apparaître les éléments caractéristiques de chacune des méthodes.

Question 4. Identifiez et montrez, par le calcul, d'où provient la différence de résultat entre les deux méthodes pour les deux mois.

Question 5. À l'aide de vos calculs précédents, détaillez et analysez ce qui s'est passé entre les mois de novembre et de décembre N–1.

Corrigé

Question 1

La méthode A est le direct costing, la B est celle de l'imputation rationnelle. En effet, en direct costing, on ne retrouve pas de différence d'imputation sur niveau de production. Ce qui est en revanche le cas en imputation rationnelle, en raison de la nature même de la méthode. En outre, en imputation rationnelle, on ne retrouve pas de coûts de période (coûts de capacité de fabrication) qui sont répartis entre les coûts absorbés par la production et la sous-activité (ou la sur-activité). Ces différences se matérialisent également dans les coûts de production des ventes qui ne sont pas identiques, en raison de leur passage (ou non) dans les comptes de stocks durant la production. Les postes stocks reflètent ces différences de stockage (dans la méthode B, donc l'imputation rationnelle, les postes stocks sont plus élevés en raison du stockage d'une partie des charges de capacité, alors que le direct costing ne stocke aucune charge de capacité).

Question 2

Stocks P42 direct costing			
Stock Initial (part variable)	19 880 000	Sorties (part variable)	6 150 000
Entrées (part variable)	4 020 000	Stock final (part variable)	17 750 000

Compte de résultat P42 (direct costing)			
Coût variable de production des ventes	6 150 000	Ventes	18 000 000
Coût de capacité de fabrication	3 500 000		
Frais de vente	4 500 000		
Frais généraux	1 300 000		
Bénéfice	2 550 000		

Stocks P42 (imputation rationnelle)			
Stock initial (part variable)	19 880 000	Sorties (part variable)	6 150 000
Stock initial (part capacité)	10 050 000	Sorties (part capacité)	3 550 000
Entrées (part variable)	4 020 000	Stock final (part variable)	17 750 000
Entrées (part capacité)	1 000 000	Stock final (part capacité)	7 500 000

Compte de résultat P42 (imputation rationnelle)			
Coût de production des ventes	9 700 000	Ventes	18 000 000
Frais de vente	4 500 000		
Frais généraux	1 300 000		
Coût de sous-activité	2 500 000		
Bénéfice	0		

Question 3

Stocks P42 (direct costing)			
Stock initial (part variable)	19 500 000	Sorties (part variable)	5 200 000
Entrées (part variable)	5 580 000	Stock final (part variable)	19 880 000

Compte de résultat P42 (direct costing)			
Coût variable de production des ventes	5 200 000	Ventes	14 000 000
Coûts de capacité de fabrication	3 500 000		
Frais de vente	4 000 000		
Frais généraux	1 300 000		
Bénéfice	0		

Dans le cas suivant de l'imputation rationnelle, on note pour ce mois de novembre le cas particulier d'un « boni » de suractivité (et non d'un coût de sous-activité comme il est plutôt d'usage). Les ateliers ont en effet dans ce cas tourné un peu plus que la normale, ce qui a permis de stocker.

Stocks P42 (imputation rationnelle)			
Stock initial (part variable)	19 500 000	Sorties (part variable)	5 200 000
Stock initial (part capacité)	8 825 000	Sorties (part capacité)	2 300 000
Entrées (part variable)	5 580 000	Stock final (part variable)	19 880 000
Entrées (part capacité)	3 525 000	Stock final (part capacité)	10 050 000

Compte de résultat P42 (imputation rationnelle)			
Coût de production des ventes	7 500 000	Ventes	14 000 000
Frais de vente	4 000 000	Boni de suractivité	25 000
Frais généraux	1 300 000		
Bénéfice	1 225 000		

Question 4

En décembre :

Capacité imputée au compte de résultat en direct costing 3 500 000

Capacité imputée au compte de résultat en imputation rationnelle 6 050 000

Soit une différence de 2 550 000

(Ou capacité dans le stock final (7 500 000) – capacité dans le stock initial (10 050 000))

En novembre :

Capacité imputée au compte de résultat en direct costing 3 500 000

Capacité imputée au compte de résultat en imputation rationnelle 2 275 000

Soit une différence de – 1 225 000

(Ou capacité dans le stock final (10 050 000) – capacité dans le stock initial (8 825 000))

Question 5

En novembre, les ateliers ont fonctionné à pleine capacité et même au-delà (boni de suractivité) en prévision de l'activité de Noël. Mais en décembre, en raison de la faible activité (29 %) due à l'arrêt de la production au 15/12 (les prévisions de vente ayant été faites auparavant et l'alimentation du circuit de distribution étant réalisée), il a fallu puiser dans les stocks de novembre afin d'assurer les ventes de décembre. Donc, en novembre, le résultat est nul en direct costing mais il est amélioré du stockage des coûts de capacité en imputation rationnelle. En décembre, le déstockage qui permet d'assurer les ventes conduit au transfert des coûts de capacité du mois précédent, ce qui conduit le résultat à s'effondrer d'autant.

Conclusion

Cas de synthèse

SOCIÉTÉ EVEREST

La société Everest fabrique un seul produit, vendu dans le monde. Il s'agit d'un modèle très innovant de VTT qui combine un moteur électrique alimenté par une pile à combustible (pour permettre les ascensions) et un gyroscope à haute énergie (pour assurer l'équilibre constant du VTT). Il s'agit d'un produit unique sur le marché. On vous fournit le compte de résultat du produit de janvier N :

	Quantités	**Montant unitaire**	**Montant total**
Ventes	8 000	1 000,00 €	8 000 000,00 €
– coût de production des ventes	8 000	655,00 €	5 240 000,00 €
= Marge sur coût de production	8 000	345,00 €	2 760 000,00 €
– coûts commerciaux	8 000	140,00 €	1 120 000,00 €
– coûts administratifs	8 000	40,00 €	320 000,00 €
= Résultat	8 000	165,00 €	1 320 000,00 €

- Ce résultat a été calculé en appliquant la méthode du coût complet.
- Il n'y avait aucun stock de produit au 1er janvier.
- La production a été de 12 000 unités en janvier.
- Le coût moyen pondéré du capital de l'entreprise est de 18 % avant impôt.

- Les coûts s'analysent de la manière suivante :

	Coûts variables : montant par unité	**Coûts de capacité : montant mensuel**
Coût de production des ventes	280,00 €	4 500 000,00 €
Coûts commerciaux	100,00 €	320 000,00 €
Coûts administratifs		320 000,00 €

Question 1. Quel est le point mort ?

Question 2. Quel est le résultat en direct costing ?

Question 3. Expliquez, par le calcul, pourquoi le résultat en coût complet est différent du résultat en direct costing.

Question 4. Quel devrait être le volume de production pour que, en coût complet, le résultat unitaire soit de 200 € ?

On revient à l'hypothèse d'un résultat calculé **en direct costing**. La société Everest considère qu'elle devra désormais détenir en stock de produit l'équivalent d'un mois de ventes et que ses comptes clients devraient couvrir normalement 60 jours de chiffre d'affaires. Le budget pour N est construit sur l'hypothèse d'un volume de ventes de 10 000 unités par mois en moyenne, soit 120 000 unités pour l'année. Les actifs immobilisés sont de 32 000 000 €.

Question 5. Quel ROI ce budget annuel fait-il espérer ? Vous mettrez en évidence les composantes du ROI : résultat et actifs.

Question 6. Ce ROI est-il satisfaisant pour Everest ? Pour quelles raisons ?

Le nouveau contrôleur de gestion vient de procéder à une révision de la comptabilité de gestion. Il a découvert que la structure réelle des coûts n'est pas aussi simple que celle que l'on admettait jusque-là :

	Coûts variables volumiques : montant par unité	**Coûts variables avec le nombre de séries : montant par série**	**Coûts variables avec le nombre d'expéditions : montant par expédition**	**Coûts de capacité : montant mensuel**
Coût de production des ventes	160,00 €	1 200,00 €		4 500 000,00 €
Coûts commerciaux	60,00 €		3 200,00 €	320 000,00 €
Coûts administratifs				320 000,00 €

Il s'est, d'autre part, beaucoup impliqué dans une étude visant à estimer les coûts de la concurrence.

	Janvier	à pleine capacité
Quantité produite par mois	12 000	15 000
Nombre de séries lancées	1 200	1 500
Quantité vendue	8 000	
Nombre d'expéditions	100	120

Le contrôleur de gestion pense que le ROI doit être mesuré à partir de calculs en imputation rationnelle, aussi bien pour évaluer le résultat que les stocks. Les données de janvier concernant la taille des séries (10 unités) et des expéditions (80 unités) et les coûts sont considérés comme valables pour l'ensemble de l'année N. Le contrôleur limite l'imputation rationnelle au traitement des coûts de capacité en production et vous fournit le début des calculs qu'il a réalisés, à savoir les tableaux d'analyse des coûts en imputation rationnelle suivants :

Coût de production en imputation rationnelle	Quantité	Montant unitaire	Montant total
Coûts variables volumiques	130 000	160,00 €	20 800 000,00 €
Coûts variables indivis	13 000	1 200,00 €	15 600 000,00 €
Coûts de capacité absorbés	130 000	300,00 €	39 000 000,00 €
Total		580,00 €	75 400 000,00 €
Coût de sous-activité	50 000	300,00 €	15 000 000,00 €

Coûts commerciaux	Quantité	Montant unitaire	Montant total
Coûts variables volumiques	120 000	60,00 €	7 200 000,00 €
Coûts variables indivis	1 500	3 200,00 €	4 800 000,00 €
Coûts de capacité	120 000	32,00 €	3 840 000,00 €
Total	120 000	132,00 €	15 840 000,00 €

Question 7. Afin de poursuivre l'analyse du contrôleur et selon ses attentes, calculez le ROI pour l'année N, dans l'hypothèse budgétaire de la vente de 120 000 unités et avec les hypothèses relatives aux actifs mentionnées plus haut.

Question 8. Sans faire de calcul, si les séries étaient de 50 unités, quel serait l'impact sur le ROI ?

Corrigé

Question 1

Marge sur coût variable	1 000 – 380 = 620
Coûts de capacité	4 500 + 640 = 5 140
Point mort	**8 290 unités**

Question 2

Charges de production				
Variable : 280	12 000 =	3 360 000	Variable :	3 360 000
Capacité :		4 500 000	Capacité :	4 500 000

Stock					
Entrées : 280	12 000 =	3 360 000	Sorties : 280	8 000 =	2 240 000
Stock initial		0	Stock final : 280	4 000 =	1 120 000

Résultat en direct costing					
Coût variable de production des ventes : 280	8 000	2 240 000	Ventes : 1 000	8 000	8 000 000
Coûts de capacité de production		4 500 000			
Coûts variables commerciaux : 100	8 000	800 000			
Coûts de capacité commerciaux		320 000	**Perte**		**180 000**
Frais généraux administratifs		320 000			

Question 3

Charges de production					
Variable : 280	12 000 =	3 360 000	Variable :		3 360 000
Capacité : 375	12 000 =	4 500 000	Capacité :		4 500 000

Stock					
Entrées variable : 280	12 000 =	3 360 000	Sorties variable : 280	8 000 =	2 240 000
Entrées capacité : 375	12 000 =	4 500 000	Sorties capacité : 375	8 000 =	3 000 000
Stock initial		0	Stock final (variable) : 280	4 000 =	1 120 000
			Stock final (capacité) : 375	4 000 =	1 500 000

Résultat en coût complet					
Coût de production des ventes : 655	8 000	5 240 000	Ventes : 1 000	8 000	8 000 000
Coûts variables commerciaux : 100	8 000	800 000			
Coûts de capacité commerciaux		320 000			
Frais généraux administratifs		320 000			
Bénéfice		**1 320 000**			

	Semestre 1
Coûts de capacité de production stockés en direct costing	0
Coûts de capacité de production stockés en coût complet	1 500 000
Résultat en direct costing	– 180 000
Résultat en coût complet	+ 1 320 000
Écart	1 500 000

Question 4

Compte de résultat					
Coût de production des ventes variable	280 × 8 000	2 240 000	Ventes	1 000 × 800	8 000 000
Coût de capacité de production des ventes	(4 500 000/?) × 8 000				
Coût commercial variable	100 × 8 000 =	800 000			
Coût commercial capacité		320 000			
Frais administratifs		320 000			
Bénéfice	200 × 8 000 =	1 600 000			

On trouve en résolvant ? = 13 235 unités
Soit 4 500 000/13 235 = 340, soit 620 × 8 000 = 4 960 000
Soit 8 000 000 – 4 960 000 – 800 000 – 320 000 – 320 000 = 1 600 000
Et 1 600 000/8 000 = 200 euros.

Question 5

Calcul du montant des actifs	
Actifs immobilisés	32 000 000
Stock de produits finis	10 000 × 280 = 2 800 000
Créances clients	20 000 × 1 000 = 20 000 000
Total actifs	54 800 000

Calcul du résultat		
Ventes	120 000 × 1 000	120 000 000
Coût variable de production	120 000 × 280	33 600 000
Coût variable commercial	120 000 × 100	12 000 000
Marge sur coûts variables	120 000 × 620	74 400 000
Coûts de capacité de production	120 000 × 450	54 000 000
Coûts de capacité commerciaux	120 000 × 32	3 840 000
Coûts administratifs	120 000 × 32	3 840 000
Résultat		12 720 000

D'où ROI = 12 720 000/54 800 000 = 23,21 %.

Question 6

Oui, le Roi apparaît comme très bon, il faut en particulier le comparer au coût moyen pondéré du capital (CMPC) de 18 % avant impôts. Donc comme le ROI est supérieur au CMPC, la société crée de la valeur et rémunère toutes les parties prenantes.

Question 7

Coût de production en imputation rationnelle	Quantité	Montant unitaire	Montant total
Coûts variables volumiques	130 000	160,00 €	20 800 000,00 €
Coûts variables indivis	13 000	1 200,00 €	15 600 000,00 €
Coûts de capacité absorbés	130 000	300,00 €	39 000 000,00 €
Total		580,00 €	75 400 000,00 €
Coût de sous-activité	50 000	300,00 €	15 000 000,00 €

Coûts commerciaux	Quantité	Montant unitaire	Montant total
Coûts variables volumiques	120 000	60,00 €	7 200 000,00 €
Coûts variables indivis	1 500	3 200,00 €	4 800 000,00 €
Coûts de capacité	120 000	32,00 €	3 840 000,00 €
Total	120 000	132,00 €	15 840 000,00 €

Résultat	Quantité	Montant unitaire	Montant total
Ventes	120 000	1 000,00 €	120 000 000,00 €
Coût de production des ventes	120 000	580,00 €	69 600 000,00 €
Coûts commerciaux	120 000	132,00 €	15 840 000,00 €
Coûts administratifs			3 840 000,00 €
Marge			30 720 000,00 €
CSA			15 000 000,00 €
Résultat			15 720 000,00 €

	Quantité	Montant unitaire	Montant total
Actif immobilisé			32 000 000,00 €
Stocks	10 000	580,00 €	5 800 000,00 €
Clients	20 000	1 000,00 €	20 000 000,00 €
			57 800 000,00 €
ROI			0,27197

Question 8

Si la taille des séries augmente, les coûts variables indivis vont diminuer (130 000 unités par lots de 50 au lieu de 10), donc le résultat augmente et le ROI aussi, à actifs comparables.

Société Gamma

Voici des données relatives à la compagnie aérienne Gamma. Les montants monétaires sont en milliers de dollars.

Comptes de résultat	**N–1**	**N**
Ventes	7 200	8 800
Charges d'exploitation		
Salaires	2 400	2 900
Kérosène et frais de vol variables	1 000	1 100
Coûts de la flotte (location, amortissements)	3 080	3 760
Coût des infrastructures de réservation	120	140
Total	6 600	7 900
Résultat d'exploitation	600	900
Charges financières	200	230
Impôts (au taux de 50 %)	200	335
Résultat net	200	335

Bilans	**N–1**	**N**
Immobilisations nettes	6 300	7 000
Actif circulant	2 100	2 600
Total	8 400	9 600
Capitaux propres	3 400	3 900
Dettes long terme	3 000	3 000
Dettes court terme	2 000	2 700
Total	8 400	9 600

Statistiques	**N–1**	**N**
Passagers. km	57 000	65 000
Sièges. km	89 000	102 000

Approche analytique des charges d'exploitation	N–1	N
Coûts liés à l'émission des billets et à la gestion des réservations	300	320
Coûts liés à l'exploitation des appareils	3 900	4 980
Coûts liés au service clients	2 400	2 600
Total	6 600	7 900
Approche analytique de certains postes d'actif	**N–1**	**N**
Actifs liés à l'émission des billets et à la gestion des réservations	1 000	2 000
Actifs liés à l'exploitation des appareils	5 300	5 000
Actifs liés au service clients	0	0
Total	6 300	7 000

Question 1. Êtes-vous d'accord avec les affirmations suivantes ?

① La compagnie a augmenté son ROI.

② Elle a réussi à réduire les coûts d'exploitation de la flotte.

③ La flotte a été exploitée de manière plus efficiente.

④ Le tarif de GAMMA a baissé.

⑤ La rentabilité des fonds propres a augmenté grâce au levier financier.

Question 2. Si l'on admet qu'à court terme le kérosène et les frais de vol constituent les seuls coûts variables, quel est le point mort en passagers.km en N–1 et N ?

Question 3. Présentez votre analyse de l'évolution qui ressort des données relatives à Gamma.

On admet maintenant que la gestion des réservations pourrait être entièrement sous-traitée à un partenaire extérieur pour un coût, dans l'hypothèse de fonctionnement de N, de 380 000 dollars par an (soit « 380 » dans l'unité utilisée pour présenter ci-dessus le compte de résultat).

Question 4. Quel prix de cession interne la compagnie devrait-elle alors appliquer à cette activité de sa chaîne de valeur pour en faire apparaître la contribution à son ROI d'ensemble ? Quelle est la rentabilité de cette activité actuellement ?

On suppose à nouveau que les seuls coûts variables sont le kérosène et les frais de vol.

Question 5. Présentez le résultat de N selon l'imputation rationnelle.

Corrigé

Question 1

① La compagnie a augmenté son ROI. Vrai (tableau 1) :

Tableau 1

	N–1	N
Bénéfice net	200	335
Charges financières après impôt	100	115
Total : résultat d'exploitation après impôts	300	450
Actifs totaux	8 400	9 600
ROI	**3,57 %**	**4,69 %**
ROI avant impôts (analyse acceptée)	7,14 %	9,38 %

② Elle a réussi à réduire les coûts d'exploitation de la flotte. Faux (tableau 3).

Il ne faut pas se fier aux chiffres suivants (tableau 2), qui sont évidemment non pertinents :

Tableau 2

	N–1	N	Variation
Coûts de la flotte (location, amortissements)	3 080	3 760	122,08 %
Ventes	7 200	8 800	122,22 %

En réalité :

– le coût de la flotte n'est qu'une partie du coût d'exploitation, ainsi que les données analytiques le montrent,

– les ventes ne rendent pas compte de l'évolution de l'activité en volume.

Plusieurs calculs sont alors possibles, par exemple en analysant le coût par passager-km (le coût ramené au CA croît mais il n'est pas un indicateur significatif) :

Tableau 3

	N–1	N	Variation
Coûts d'exploitation des appareils	3 900	4 980	127,69 %
Coûts d'exploitation/CA	54,2 %	56,6 %	
Coûts d'exploitation par passager.km	**0,0684**	**0,0766**	**111,98 %**

On notera la hausse des tarifs (utile pour la suite, bien que non demandée ici) :

Tableau 4

	N–1	N	Variation
Passagers.km	57 000	65 000	114,04 %
CA à prix constant	7 200	8 211	114,04 %
CA réel	7 200	8 800	122,22 %
Écart de tarif		**589**	**8,19 %**
Coûts d'exploitation/CA à prix constant	0,542	0,607	**111,98 %**

Une analyse plus poussée supposerait de mettre en évidence les composantes du coût et de les comparer à l'évolution de leurs unités d'œuvre et inducteurs de coût respectifs.

③ La flotte a été exploitée de manière plus efficiente. Faux.

Tableau 5

	N–1	N	Variation
Sièges.km	89 000	102 000	114,04 %
Passagers.km	57 000	65 000	114,61 %
Taux d'utilisation de la capacité	**64,04 %**	**63,73 %**	**99,50 %**

D'autres indicateurs, comme par exemple les suivants, sont erronés parce qu'ils contiennent un effet tarif :

Tableau 6

	N–1	N	Variation
CA/siège.km	0,0809	0,0863	106,64 %
CA/passager.km	0,1263	0,1354	107,18 %

④ La part de marché de Gamma a augmenté grâce à une baisse des prix. Faux.

Voir calculs précédents, qui montrent que les tarifs, en supposant stable le « mix » des ventes, ont augmenté de 8,19 %.

D'autre part, la part de marché est inconnue et ne doit pas être confondue avec l'augmentation du CA.

⑤ La rentabilité des fonds propres a augmenté grâce au levier financier. Faux (tableau 7).

Tableau 7

	N–1	N	Variation
ROI [1]	3,57 %	4,69 %	131,25 %
Frais financiers après impôts/dette	2,00 %	2,02 %	100,88 %
Dettes/Capitaux propres	**147,06 %**	**146,15 %**	**99,38 %**
(ROI–i) × D/CP [2]	2,31 %	3,90 %	168,86 %
[1] + [2]	5,88 %	8,59 %	146,03 %
Vérification : Bénéfice net/Capitaux propres	5,88 %	8,59 %	146,03 %

Le levier (Dettes/Capitaux propres) baisse légèrement. C'est la hausse du ROI qui explique la hausse de la rentabilité des fonds propres.

Question 2

Tableau 8

	N–1	N	Variation
CA	7 200	8 800	122,22 %
Coûts variables	1 000	1 100	110,00 %
Marge sur coûts variables	6 200	7 700	124,19 %
Marge sur coûts variables par passager-km	0,109	0,118	108,91 %
Coûts « fixes »	5 600	6 800	121,43 %
Point mort	**51 484**	**57 403**	**111,50 %**
Si on compte les frais financiers			
Coûts « fixes »	5 800	7 030	121,21 %
Point mort	***53 323***	***59 344***	***111,29 %***

On note que le point mort était bien supérieur sans hausse de tarif :

Tableau 9

	N–1	N	Variation
CA	7 200	8 211	114,04 %
Coûts variables	1 000	1 100	110,00 %
Marge sur coûts variables	6 200	7 111	114,69 %
Marge sur coûts variables par passager.km	0,1088	0,1094	100,57 %
Coûts « fixes »	5 600	6 800	121,43 %
Point mort	*51 484*	*62 161*	*120,74 %*
Si on compte les frais financiers			
Coûts « fixes »	5 800	7 030	121,21 %
Point mort	53 323	64 264	120,52 %

Question 3

Le volume d'activité augmente de **14,6 %** mais les coûts augmentent de **19,7 %**. Principalement les **coûts d'exploitation de la flotte**, certainement en bonne partie à cause de l'accroissement de sa taille, ce qui donne un taux d'emploi stable alors que la capacité en sièges.km suffisait à la croissance (mais ceci demanderait des analyses plus poussées, l'extrapolation peut être dangereuse). Relativement, les coûts qui correspondent à des prestations visibles pour le client sont **réduits** (sauf à prouver des effets de baisse de prix sur ces postes). **La hausse des tarifs n'est donc pas justifiée par une stratégie de qualité. Les actifs ont suivi l'activité à peu de choses près, mais on voit que Gamma a recouru au leasing pour accroître sa capacité et laissé vieillir ses avions. Les investissements ont été portés sur la gestion des réservations.**

La croissance du ROI est due à la **marge** mais celle-ci progresse grâce à une **hausse de tarif**, sinon elle aurait été **divisée par deux** en valeur absolue. Voir tableaux suivants.

Tableau 10

	N–1	N	Variation
ROI	3,57 %	4,69 %	131,25 %
Bénéfice net d'exploitation/CA	4,17 %	5,11 %	122,73 %
CA/Actifs	85,71 %	91,67 %	106,94 %
Bénéfice net d'exploitation à prix constant :	300	155	51,75 %
Soit : bénéfice net d'exploitation		450	
Moins : hausse du CA due aux prix		589	
Plus : économie d'impôts		295	

Tableau 11

	N–1	N	Variation
Salaires	2 400	2 900	120,83 %
Kérosène et frais de vol variables	1 000	1 100	110,00 %
Coûts de la flotte (location, amortissements)	3 080	3 760	122,08 %
Coût des infrastructures de réservation	120	140	116,67 %
Total	6 600	7 900	119,70 %
Coûts liés à l'émission des billets et à la gestion des réservations	300	320	106,67 %
Coûts liés à l'exploitation des appareils	3 900	4 980	127,69 %
Coûts liés au service clients	2 400	2 600	108,33 %
Total	6 600	7 900	119,70 %

Approche analytique de certains postes d'actif	**N–1**	**N**	
Actifs liés à l'émission des billets et à la gestion des réservations	1 000	2 000	200,00 %
Actifs liés à l'exploitation des appareils	5 300	5 000	94,34 %
Actifs liés au service clients	0	0	
Total	6 300	7 000	111,11 %

Question 4

Le prix du marché, soit **380**. Il fait apparaître une marge avant impôt de 380 – 320 = **60** sur l'activité « gestion des réservations » et donc un ROI avant impôt de 60/2 000 = **3 %** pour cette part de la chaîne de valeur (ROI évidemment faible montrant une erreur d'investissement).

Question 5

Tableau 12

Ventes	8 800
Coûts variables des ventes	1 100
Marge sur coûts variables	7 700
Coûts de capacité absorbés par les ventes	4 333
Résultat d'exploitation en IR	**3 367**
Coût de sous-activité	2 467
Résultat d'exploitation	900
Charges financières	200
Impôts (au taux de 50 %)	200
Résultat net	200

Passagers. km	**Sièges.km**	**Taux d'activité**	**Coûts de capacité**
65 000	102 000	63,73 %	6 800

On peut noter que, sans l'accroissement de la capacité, le ROI était nettement plus élevé :

Tableau 13

Résultat d'exploitation en IR	3 367
Impôt	1 683
Résultat d'exploitation net	1 683
Actifs	9 600
ROI	***17,53 %***

Dans la même collection

ALBOUY Michel, *Finance – Investissement, financement, acquisitions*, 3e éd.

ALBOUY Michel, *Décisions financières et création de valeur – Exercices corrigés.*

BERNIER Bernard, FERRANDIER Robert, SIMON Yves, *Macroéconomie – Exercices et corrigés*, 2e éd.

BOUQUIN Henri, THIÉRY-DUBUISSON Stéphanie, *Comptabilité de gestion – Exercices et études de cas.*

CAUCAL Robert, JOFFRE Patrick, TIRARD Didier, *Stratégies de développement international.*

CHANTIRI Rouba, COLASSE Bernard, *Comptabilité générale – Questions et applications*, 2e éd.

CHARLES Amélie, REDOR Étienne, *Le financement des entreprises – Questions de cours, QCM et exercices corrigés.*

COHEN Elie, SAUREL André, *Analyse financière – Outils et applications.*

CUSSY P., FAVARDIN P., LE PAPE N., LEPELLEY D., *Macroéconomie dynamique – Exercices corrigés.*

DESLANDES Michel, GALAS Hélène, LAFOURCADE Jean, *Fiscalité – Etudes empiriques.*

DUPUY Michel, *Commerce international.*

FRANCK-CADIER Christiane, *Démographie.*

GASTINEAU Alain, *500 exercices corrigés de mathématiques pour l'économie et la gestion*, 2e éd.

GERVAIS Michel, *Contrôle de gestion – Cas et applications*, 2e éd.

GRASSI Olivier, LEMERCIER Alain (sous la direction de Jean MONTIER), *Comptabilité des sociétés et fiscalité.*

LABENNE Christian, *Introduction à la statistique descriptive et probabiliste.*

LEROUX François, *Micro-économie – Exercices et corrigés.*

LEUTENEGGER Marie-Agnès, *Gestion de portefeuille et théorie des marchés financiers*, 2e éd.

MASSAL Marguerite, *Mathématiques financières – Questions et exercices corrigés.*

MATHÉ Jean-Charles et BARB-BRANDOUY Olivier, *Analyses stratégiques – Problèmes, méthodes, solutions.*

MONTIER Jean, SCOGNAMIGLIO Gilles, *Techniques de consolidation – Exercices et applications.*

MOUCHOT Claude, *Exercices pédagogiques de statistique et économétrie*, 2e éd.

PARIENTÉ Simon, *Finance – Exercices et cas.*

ROUSSEAU Patrick, *Théorie financière et décision d'investissement.*

SIMON Yves, LAUTIER Delphine, *Finance internationale et gestion des risques – Questions et exercices corrigés*, 5e éd.

SULZER Jean-Richard, ADÉLÉKÉ Sèmiyou, *Finance à long terme – Théories, calculs et exercices corrigés*, 3e éd.

THIEL Daniel, *Recherche opérationnelle et management des entreprises.*

TOPSACALIAN Patrick, *Acquisition de sociétés – Concepts, cas, corrigés.*

VALLIN P., *Problématiques de la logistique – Questions et réponses.*

VATÉ Michel, *Statistique chronologique et prévision.*

Achevé d'imprimer en septembre 2010
dans les ateliers de Normandic Roto Impression s.a.s.
61250 Lonrai (Orne)
N° d'impression : 103308
Dépôt légal : septembre 2010

Imprimé en France